Dienstmädel in
Bella Italia

AUTONOME PROVINZ BOZEN SÜDTIROL — PROVINCIA AUTONOMA DI BOLZANO ALTO ADIGE

Deutsche Kultur

Die Drucklegung dieses Buches wurde ermöglicht durch
die Südtiroler Landesregierung/Abteilung Deutsche Kultur.

SABINE PEER

Dienstmädel in *Bella Italia*
Von den Bergdörfern in die Palazzi

Inhaltsverzeichnis

Prolog 5

Im Dienst der Nonnen
Rosa H., Jahrgang 1949, Vinschgau
1965/66 Mailand 9

Roma – bellissima!
Waltraud Perger Mitterer, Jahrgang 1949, Deutschnonsberg
1968–1970 Rom 51

Zwischen *lago Maggiore* und Comer See
Lena G., Jahrgang 1933, Vinschgau
1955–1962 Varese 101

Ein Kind von Gott gewollt
Rosa Obrist, Jahrgang 1936, Eisacktal
1959–1962 Rom 153

Glossar 209

Danksagung 220

Prolog

Das ist eines jener Bücher, bei dem man ein bisschen wehmütig wird, wenn man die letzten Seiten in der Hand hat, weil man sehr gerne weiterlesen möchte. So oder ähnlich lasen sich die vielen überaus positiven Reaktionen meiner Leser:innen des ersten Bandes von „Dienstmädel in Bella Italia". Es war mir deshalb Freude und Ehre, mit dem Folgeband „Dienstmädel in Bella Italia. Von den Bergdörfern in die Palazzi" dem Wunsch nach weiteren Geschichten von jungen Südtiroler Frauen als Haus- und Kindermädchen im Italien der 1950er- und 1960er-Jahre entsprechen zu können. Im Zentrum des Folgebandes stehen erneut wahre Geschichten, die die Südtirolerinnen während ihrer Zeit als Haushaltshilfe, Kindermädchen, Stubenmädchen oder Köchin bei den reichen italienischen Dienstherren erlebten. Um mich inhaltlich aber nicht zu wiederholen, war es mir wichtig, im Folgeband neue Aspekte aufzugreifen. Dass dies gelang, ist auch einer Reihe von Glücksfällen geschuldet.

Ein solcher trat beispielsweise ein, als sich das ehemalige Kindermädchen des Chefredakteurs der deutschen RAI in Rom für den Folgeband bei mir gemeldet hatte. Wie bereits im ersten Band habe ich die Lebensschicksale meiner Heldinnen nicht isoliert von den großen Ereignissen unserer Zeitgeschichte beschrieben, sondern – wann immer sie mit diesen in Berührung kamen – geschichtliche Hintergründe einfließen lassen. Über diese Heldin konnte ich nun einen neuen, wichtigen Aspekt der jüngeren Südtiroler Geschichte, die Anfänge des deutschen RAI-TV-Senders, miteinbeziehen.

Ein weiterer Glücksfall ergab sich mithilfe einer von mir interviewten Zeitzeugin, die in Mailand im Dienst der Nonnen gewesen ist. Das Kloster in der *via Panizza* war mir schon aus dem ersten Band gut bekannt, da sich dort die deutschsprachigen Dienstmädchen stets an den Sonntagen getroffen haben. Es fungierte als Zeitvertreib und Familienersatz genauso wie als Jobbörse. Mit dieser Interviewpartnerin konnte ich das Phänomen der Dienstmädel aus einer neuen Perspektive beleuchten.

Ein Glücksfall war auch der Mut einer Interviewpartnerin, Dinge zu benennen, die jeder von uns hören und lesen, aber keiner aussprechen will. Doch sie hat die Scham des Opfers überwunden und erzählte von sexuellen Übergriffen, von Ausbeutung und Verrat. Solche Aussagen ermöglichen es mir, selbstverständlich mit dem unbedingten Taktgefühl und dem nötigen Respekt, Inhalte zu formulieren, derer man bedarf, will man für sich in Anspruch nehmen, über Wahrheit zu schreiben, darüber, wie es wirklich gewesen ist.

Dazu gehört auch die Offenheit einer anderen Zeitgenossin, die sich nicht scheute, über den immensen Schmerz zu sprechen, der von Heimweh verursacht wird. Von Heimweh und der Tatsache, dass man durchhalten muss, denn einfach wieder zurück in die Heimat zu fahren, war keine Option. Aus einer reinen Befindlichkeit heraus auf eine Stelle, die entlohnt wurde, zu verzichten, stieß auf Missverständnis, denn zu Hause herrschte bittere Not. Bis weit in die späten Sechzigerjahre herauf.

In Südtirol hat der wirtschaftliche Aufschwung nach dem Zweiten Weltkrieg weit später eingesetzt als im restlichen

Italien oder in vielen Teilen Europas. Das war unserer politischen Situation geschuldet. Erst mit dem Inkrafttreten des zweiten Autonomiestatuts im Januar 1972 konnte sich auch in Südtirol die Lage zusehends verbessern, und die Arbeitsmigration der Dienstmädel in die italienischen Metropolen kam allmählich zum Erliegen.

Die Lebenserinnerungen meiner Heldinnen, die sich aufmachten, um der Perspektivlosigkeit in ihrer Heimat zu entfliehen, habe ich auch für den Folgeband im bewährten Stil zu lebendigen Lesestücken verfasst. In einfühlsamer, sensibler Weise habe ich versucht, das Aufeinanderprallen zweier Welten zu veranschaulichen: die beschauliche Bergidylle mit ihren streng geregelten und eng mit dem Kirchenjahr verbundenen Alltagsstrukturen versus der mondänen, weltoffenen Metropolen. Die einfachen, unbedarften Bauernmädchen, zu Demut und Gehorsam erzogen, waren wohl Italienerinnen auf dem Papier, aber mit ihrem „Vaterland" verband sie wenig bis nichts. Aus der Not heraus machten sie sich zahlreich, dafür nicht weniger mutig, oft nicht älter als 17 Jahre, auf in eine für sie völlig unbekannte Welt mit einer anderen Kultur und fremden Sprache. Die von mir verfassten, auf wahren Begebenheiten beruhenden Erzählungen gewähren kurzweilig und fesselnd Einblick in gleichermaßen spannende wie ergreifende Biografien, die das Leben selbst inszenierte.

Sabine Peer

Im Dienst der Nonnen

Rosa H., Jahrgang 1949, Vinschgau
1965/66 Mailand

„Der große Bahnhof macht mir Angst! Und dann die weite Strecke bis nach Mailand! Ich traue mir gar nicht zu, die Rosa in diese fremde Stadt zu begleiten!", hörte man die Mutter besorgt. Der Vater, der am Küchentisch sitzend einen Teller Brennsuppe löffelte, hob unwillkürlich seinen Kopf und blickte, vom verzagten Ton seiner Ehefrau überrascht, in deren Richtung. Er hatte sich in das Gespräch, zu dem Pfarrer Rainer an diesem Märzmorgen 1965 zu ihnen ins benachbarte Haus gekommen war, bisher nicht eingemischt. Bei Fragen, die die gemeinsamen Kinder betrafen, war seine Frau einfach die bessere Ansprechpartnerin.

Rosa, die Erstgeborene, war inzwischen 16 Jahre alt und hatte mit dem Abschluss der Pflichtschule ihre Ausbildung schon beendet. Sein Ältester, der 1950 geboren ist, wurde nach den Grundschulklassen im Dorf noch nach Mals, den Hauptort hier im Obervinschgau, in die Mittelschule geschickt. Diese Ausbildung sollte auch sein um drei Jahre jüngerer Bruder erhalten. Der Jüngste war mit seinen zweieinhalb Jahren noch zu klein, um an eine Schulbildung zu denken. Dann gab es noch eine Schwester. Da sie sechs Jahre jünger war als Rosa, würde auch sie in die Mittelschule gehen dürfen. Generell wurde der Ausbildung der Mädchen weniger Beachtung geschenkt. Dieses gerade in den ländlichen Gegenden von alters her übliche Erziehungsmodell, das die männlichen Nachkommen entschieden bevorzugte, war Pfarrer Rainer hinlänglich bekannt und ein Dorn im Auge. Es war ihm daher ein Anliegen, dass die Mädchen in seiner Pfarrgemeinde, wenn schon keine weiterführende Schulausbildung, so doch wenigstens etwas Erfahrung in Hauswirtschaft sammeln durften.

Das Leben hier im Obervinschgau, wo die Weiler und Dörfer fast alle auf weit über 1000 Metern Meereshöhe liegen, manche gar auf 1700 Metern, ist schon nur durch die klimatischen Bedingungen härter und fordernder für seine Bewohner. Lange, kalte, aber schneearme Winter sorgen dafür, dass die Ernten in der Landwirtschaft aufgrund der Höhenlage und der Wasserknappheit dürftig ausfallen. Die harten Jahre der bitteren Not, wie sie nach dem Zweiten Weltkrieg bis weit herauf in die Fünfzigerjahre herrschten, waren jetzt in den Sechzigern zwar etwas abgemildert worden, aber die Gegend hier heroben in der westlichen Landeshälfte, fernab der urbanen Zentren Meran und Bozen, war nach wie vor benachteiligt. Auch das war dem Pfarrer nur allzu gut bekannt. Deshalb war ihm wichtig, dass die Mädchen, aber auch die Burschen, wenigstens eine angemessene Ausbildung bekamen. Ihre einzige Chance, aus dem bescheidenen Leben auf den Bauernhöfen auszubrechen und durch die Erlernung eines Berufes der Armut als Knechte und Mägde zu entrinnen.

Im Jahr 1962 war in Italien die Einheitsmittelschule eingeführt worden. Damit wurden die acht Pflichtschuljahre bindend in fünf Jahre Grundschule und drei Jahre Mittelschule aufgeteilt. Zwar lag das obligatorische Bildungsalter seit 1923 bei 14 Jahren, aber nur den wenigsten gelang es, nach der fünfjährigen Grundschule noch eine weiterführende dreijährige Schule zu besuchen. Zumal es diese weiterführenden Schulen ausschließlich in den großen Städten gab. Die Kinder so weit fort zur Schule zu schicken, war den Bauersfamilien in den ländlichen Gegenden aufgrund der hohen Kosten und langen Entfernungen nicht möglich. Also lief es darauf hinaus, dass man die Kinder einfach nach der fünfjährigen Grundschule, die gemeinhin als Volksschule bezeichnet wurde, noch weitere drei Jahre zur Volksschule schickte, in die immer gleiche fünfte Klasse. Dieser Handhabe, die sich nicht positiv auf die Schulbildung der Zöglinge auswirken konnte, wollte man mit der Schulreform einen Riegel vorschieben. Die Einführung der Einheitsmittelschule sollte nicht nur die Ausbildung verbessern, sondern sie führte auch dazu, dass in den größeren Orten auf dem Lande Mittelschulen ihre Tore öffneten. Von da an konnte auch in Mals eine Mittelschule besucht werden. Aber dessen ungeachtet schickten die Bauersfamilien besonders in den entlegeneren Dörfern ihren Nachwuchs kaum in die Mittelschule. Man ließ die Kinder lieber weiterhin acht Jahre in die näher gelegenen Volkschulen gehen. Also hatte sich Pfarrer Rainer Jahre später dafür stark gemacht, dass ebenso St. Valentin auf der Haide, Rosas Heimatdorf, eine Mittelschule bekam. Nur auf diese Weise konnte er sicherstellen, dass man den Bauerskindern auch die Ausbildung zukommen ließ, die vom Staat vorgesehen war.

Aber in diesem März 1965 war es noch nicht soweit. Eine Mittelschule befand sich noch ausschließlich in Mals, und die Möglichkeit zum Besuch derselben hatte vorerst nur der älteste Bruder bekommen. Rosa hatte die acht Pflichtschuljahre im letzten Jahr in der Volksschule im Dorf beendet und hatte nun der Mutter bei den Geschwistern und am Hof zur Hand zu gehen, hatte im Stall bei den Tieren mitzuhelfen und bei der Arbeit auf den Feldern nützlich zu sein. Es lief alles in geregelten Bahnen ab, nahm man einhellig an. Und nun stand Pfarrer Rainer hier in der Küche von Rosas Elternhaus und trieb mit seinem Vorschlag, Rosa auf einen Dienst ins ferne Mailand schicken zu wollen, der Mutter die Schweißperlen auf die Stirn.

„Aber nein! Um Gottes willen!", antwortete deshalb der Pfarrer sofort, wie er das ganze Ausmaß der Sorge, sie müsse mit der Tochter diese lange Reise in die unbekannte italienische Metropole antreten, in den Augen der Mutter erkannte, „selbstverständlich begleite ich die Rosa nach Mailand!"

Das Gespräch des Pfarrers Rainer mit ihren Eltern, das sie damals als 16-Jährige draußen vor der Küchentür lauschend mitgehört hatte, war aus dem Unterbewusstsein hervorgekommen, wie Rosa das Buch „Dienstmädel in Bella Italia"[1] in ihren Händen hält. *Genau so haben sie ausgesehen! Ganz genau so fesch und elegant sind sie gewesen, diese Südtirolerinnen!* Sie betrachtet das Coverbild mit wachen Augen punktgenau. *Schöne Kleider und schicke Frisuren haben sie getragen. Edle Schuhe und Handtaschen nach dem letzten Schrei der Mode!* Ihre Erinnerung trägt Rosa zurück in die fernen Jahre 1965 und 1966, als sie bei den Klosterfrauen

---

1 Sabine Peer: „Dienstmädel in Bella Italia", Band 1, Athesia 2022.

in Mailand in der *via Panizza* als Dienstmädchen beschäftigt war. Wie hatte sie die jungen Südtiroler Frauen, die an den Sonntagnachmittagen zu ihnen in die *via Panizza* gekommen sind, bewundert. Wie gerne wäre sie wie eine von ihnen gewesen! Schön zurechtgemacht und selbstbewusst. Ihre Mailänder Dienstzeit wird heute noch vom Stempel in ihrem Arbeitsbüchlein bezeugt: *IST. SUORE di S. ELISABETTA – MILANO, via Panizza 10.* Bei den Ordensschwestern der heiligen Elisabeth waren sie an die neun, vielleicht zehn Mädchen aus Südtirol gewesen, die im Kloster für die Nonnen gearbeitet haben. Gar einige stammten aus dem Pustertal, und aus dem Obervinschgau waren sie, als Rosa dort war, zu viert gewesen, die eben von Pfarrer Rainer vermittelt worden sind. Sie, Rosa, war die Älteste unter ihnen, Frieda war um ein Jahr jünger und Emma und Gertraud gar erst 14 Jahre alt, wie sie bei den Schwestern ihren Dienst begonnen hatten. Eine schöne Zeit. Auf Rosas Gesicht erscheint ein Lächeln um die Mundwinkel. Das vor ihr auf dem Stubentisch liegende Buch „Dienstmädel in Bella Italia" berührt sie mit beiden Händen und lässt ihren Gedanken freien Lauf in jene Zeit, als der Vater dann schließlich doch sein Einverständnis gegeben hatte, das ihr erlaubte, mit Pfarrer Rainer nach Mailand zu fahren.

Wie war sie glücklich gewesen darüber! Wie gerne war sie mitgefahren! Alles schien ihr damals besser, als immer nur am gleichen Ort zu bleiben. Ein ganzes Leben lang. So wie das bei den Leuten in den Bergdörfern eben gewesen ist. In einem Radius von vielleicht 40 Kilometern rund um ihren Heimatort spielte sich oft deren ganzes Leben ab, von den Kriegseinsätzen in den beiden Weltkriegen einmal abgesehen. Die Landeshauptstadt Bozen liegt etwa 100 Kilometer von Rosas Heimatdorf in östliche Richtung. Sie erinnerte sich, dass ihr Vater wohl dort gewesen war, aber die weite Fahrt und die ganze Stadt waren für ihn das blanke Grauen. Aber für sie, Rosa, war es einfach nur aufregend, diese weite Reise nach Mailand anzutreten. Sie war jung! Sie wollte etwas erleben. Sie wollte fort!

„Aber nur über den Winter!", sprach der Vater sein Machtwort, „spätestens im Mai brauche ich die Rosl wieder auf dem Hof!" Daran gab es nichts zu rütteln. Für den Vater galt einzig die Bauernschaft. Das wusste Rosa nur zu gut. Und die Arbeit auf den Feldern und im Stall bei den Tieren ging nie aus. Immer gab es etwas zu tun. Das ganze Jahr über. Im Sommer mehr, im Winter etwas weniger. Als Rosa ihre Pflichtschuljahre beendet hatte, war sie wie selbstverständlich zu Hause auf dem elterlichen Hof geblieben, wo jede Hand zur Mithilfe gebraucht wurde. Dass der Pfarrer nun auch an sie gedacht hatte, machte sie ungeheuer froh!

Rosa wird in Mailand als Dienstmädchen im Kloster bei den deutschen Ordensschwestern der heiligen Elisabeth etwas Hauswirtschaft lernen, das wird ihr eine gute Ausbildung sein", erklärte der Pfarrer sein Vorhaben. Nun, da der Pfarrer es übernahm, Rosa zu begleiten, für die Fahrtspesen aufkam und versicherte, dass man Rosa zuverlässig am 1. Mai im Jahr darauf wieder nach Hause schicken werde, ließ man Rosa gehen.

Gemeinsam mit der Mutter hatte sie in der letzten Oktoberwoche das Köfferlein gepackt. Nicht, dass sie nichts zum Packen gehabt hätte, das nicht, aber es war alles sehr einfach und bescheiden. Rosa kümmerte das wenig. Sie fühlte sich leicht und unbeschwert. Dieses Gefühl war sogar noch besser als die Vorfreude, die sie verspürt hatte, wie der Vater sie einmal auf den *Gallimarkt* nach Mals mitgenommen hatte. Ihre bisher weiteste Entfernung von ihrem Elternhaus.

Der *Gallimarkt* am 16. Oktober war ein Pflichttermin für die Bauern aus den verschiedenen Dörfern und Weilern im Obervinschgau. An diesem Tag fand alljährlich in Mals der große Vieh- und Krämermarkt statt. Vor dem Winter wollte man noch seine Tiere verkaufen und Jungtiere einkaufen, Lebensmittel und Handelsware besorgen, die sonst nicht zu kriegen waren. Und man wollte die Bauern aus den anderen Dörfern treffen, über die diesjährige Ernte sprechen, die Neuigkeiten aus der Umgebung erfahren. Wer verstorben ist, wer eine Wiese dazugekauft und wer geheiratet hat und wem ein Stück Vieh verendet war. Natürlich sind nur die Männer gegangen. Und wenn ein Bauer Hilfe benötigte, weil er Kühe, Kälber oder Schweine zum Markt treiben wollte, dann nahm er eines seiner Kinder zum Treiben mit.

Im Jahr zuvor war der Vater alleine aufgebrochen und mit zwei lebendigen Ferkeln, die er in einem Sack über die Schulter geworfen hatte, eines auf dem Rücken, eines vorne auf der Brust, vom *Gallimarkt* wieder nach Hause gekommen. Ein unentwegtes Quieken begleitete ihn den ganzen zweistündigen Weg herauf nach St. Valentin. Sich eine Sau über das Jahr zu halten, sodass diese ferkeln konnte, dazu hat es bei Rosa zu Hause nie gereicht. Ferkel wurden auf dem Markt gekauft, großgezogen und geschlachtet. Sie unterschieden ein Speckschwein, das sogenannte *Speckfackl*, daraus wurden lange Speckseiten geselcht und der Rest zu Würsten verarbeitet, und ein *Brecklfackl*, das man im *Langes* geschlachtet hat und aus dem Fleischgerichte gekocht wurden, wie Koteletts, Braten oder Gulasch.

Für das Schlachten kam stets der Metzger auf den Hof. Sie, die Kinder, hatten aber immer mitzuhelfen: frisches Wasser oder saubere Tücher zu bringen, volle Eimer auszuleeren und hinterher zuzusehen, dass alles wieder sauber wurde. Das Schlachten gehörte zum Alltag auf den Bauernhöfen. Fleisch war ein wertvolles Gut, das den ansonsten kargen und vielfach eintönigen Speiseplan bereichert hat. Auf den Tisch war im Wesentlichen das gekommen, was man selbst erwirtschaftet hat. Im Obervinschgau waren das wenige Gemüsesorten, wie *Kobis*, Rüben, Karotten, Kartoffeln, und etwas Getreide zum Backen der dunklen Brotlaibe. Als einzige Einnahmequelle blieb in Rosas Familie der Verkauf eines Kalbes. Ein paar Kühe standen bei ihnen im Stall. Zum Besamen holte man den Stier vom Nachbarbauern.

In diesem Jahr war es gut gegangen, und Rosas Vater konnte gleich zwei Jungkühe mit auf den *Gallimarkt* nehmen. Was aber auch bedeutete, dass er Hilfe beim Treiben der Tiere auf den Weg hinunter nach Mals benötigte, und so traf es Rosa, ihn zu begleiten. Schon mehrere Nächte bevor es so weit war, hatte Rosa vor Aufregung nicht mehr schlafen können. Bisher kannte sie den *Gallimarkt* nur vom Hörensagen, aber das dafür in den schillerndsten Farben. Was es da alles zu bestaunen gab. Fahrende Händler, Schaubuden, Stände mit Süßigkeiten. Auch von einem Karussell hatte man geschwärmt! Endlich war es soweit. Zeitig in der Früh, so gegen 6 Uhr, waren sie alle gemeinsam aufgebrochen. Eine ganze Truppe Bauern und Kinder mit ihren Tieren, die am Markt verkauft werden sollten. Schon auf dem Weg hinunter tuschelten die Kinder, was sie sich von den Jahrmarktsattraktionen alles ansehen und was sie alles ausprobieren wollten. Als das Gespräch auf die verschiedenen Gerichte kam, die in den Gasthäusern eigens für diesen wichtigen Tag gekocht wurden, lief Rosa schon das Wasser im Mund zusammen.

Sie kamen immer näher. Noch bevor sie etwas sehen konnten, war das laute Markttreiben zu vernehmen. Zunächst noch leise, dann immer deutlicher. Als das Marktgelände schließlich in Sichtweite war, kam Rosa aus dem Staunen fast nicht mehr heraus. Sie hatte noch nie in ihrem Leben so viele Menschen auf einem Flecken gesehen, wie hier auf dem *Gallimarkt*. So ein Gewimmel, Geklapper und Getrampel. Sie musste hurtig aufpassen, dass sie vor Staunen den Vater wie die Jungkühe nicht aus den Augen verlor. Am Kuhmarkt angekommen, begann das Feilschen um die besten Preise. Rosa konnte dem Hin und Her bald nicht mehr folgen, so schnell ging das Verhandeln vonstatten, und die Tiere wechselten den Besitzer. Dass der Vater ein gutes Geschäft gemacht haben musste, erkannte Rosa nur an dessen Miene, die sich plötzlich aufhellte. „*Madl*, jetzt haben wir uns ein Mittag verdient!", lachte er in Rosas Richtung und winkte ihr, ihm zu folgen. Wie sie den zum Bersten vollen Gasthof betreten, sind sie auch schon von lautem Stimmengewirr umgeben. Jeder Platz schien belegt. Da ergatterte der Vater eine freie Ecke und drückte Rosa in die Bank, setzte sich dazu und gab der reschen Bedienung ein Zeichen. Für sich und Rosa bestellte der Vater eine Nudelsuppe mit einem Paar Frankfurter. Wenig später saß Rosa vor der dampfenden Fleischsuppe mit Würstchen. Wie der Duft ihr in die Nase stieg, wurde sie augenblicklich daran erinnerte, dass sie seit den frühen Morgenstunden nichts mehr gegessen hatte und unglaublich hungrig war. Dennoch wartete sie geduldig, bis der Vater seinen Teller an sich zog und begann, die Würstchen in seiner Suppe zu zerkleinern. Sie tat es ihm gleich. Dann nahm sie den ersten Löffel mit einer Scheibe Wurst darauf in den Mund. Rosa wurde es ganz anders. Noch nie in ihrem Leben hatte sie etwas derart Gutes gegessen. Noch nie! Diese Wurst war so unglaublich schmackhaft. Sie war so knackig, wenn man hineinbiss, und ganz fein, nicht so grobkörnig wie die Würste, die sie zu Hause selbst herstellten. Für Rosa war dieses Essen etwas ganz Besonderes. Jeden Bissen genoss sie. Mehrmals schloss sie beim Runterschlucken die Augen, um ja nichts von dem guten Geschmack zu vergeuden. Eine Nudelsuppe mit Wurst, was für ein Festessen! Sie konnte es kaum erwarten, ihren Geschwistern zu Hause und auch der Mutter von diesem köstlichen Mahl hier im Gasthof in Mals vorzuschwärmen. Was sie dann auch gemacht hat. Ausführlich sogar, wie sie sich jetzt erinnerte. *Den unglaublichen Geschmack werde ich nie vergessen. Mein ganzes Leben nicht!*

An diesem Morgen nun, als sie wie damals auf den *Gallimarkt* erneut auf den Weg nach Mals war, musste sie unwillkürlich an den Teller Suppe mit Frankfurter Würstchen denken. Nur diesmal saß sie im Autobus und statt der Kühe hatte sie ihr Köfferchen dabei. Neben ihr saß Pfarrer Rainer. Auch an diesem Oktobermorgen waren sie zeitig aufgebrochen, hinunter zur Malser Bahnstation. Mit der *Littorina* wollten sie zum frühestmöglichen Zeitpunkt nach Meran fahren, dort in den Zug nach Bozen wechseln und in der Landeshauptstadt in den Zug nach Verona steigen. In Verona würde Rosa erneut den Zug wechseln, der sie nach Mailand bringen sollte, aber da werde er schon nicht mehr bei ihr sein, wie Pfarrer Rainer Rosa auf der Fahrt hinunter nach Mals erklärte: „Schwester Luzia vom Orden der heiligen Elisabeth in Mailand ist verständigt. Sie reist eigens an und begleitet dich ab dem Bahnhof in Verona."

Alles war wie geplant verlaufen. Rosa saß in der *Littorina* an einem Fensterplatz und sah die Landschaft an sich vorbeiziehen. Immer weiter fort von ihrem Heimatort. Sie verließen Mals, passierten Schlanders und Naturns, stiegen in Meran um und durchfuhren das Etschtal, wo man an jedem größeren Bahnhof Halt machte: Burgstall, Gargazon, Terlan. Rosa musste an Frieda, Emma und Gertraud denken. Ihre Freundinnen von zu Hause waren schon in Mailand. Diese hatten nicht wie sie, Rosa, den Sommer über noch zu Hause mithelfen müssen. Sie durften fahren, gleich wie der Pfarrer noch im Frühjahr zu ihnen nach Hause gekommen war, um vom Kloster der heiligen Elisabeth in Mailand zu erzählen, und dass sie dort zur Mithilfe immer fleißige Mädchen brauchten. Auch Italienisch, hatte der Pfarrer gemeint, könne man lernen, denn von der italienischen Sprache hatte man in der Volksschule nicht viel mitbekommen, das musste Rosa zugeben. Obwohl sie ansonsten gute Lehrer hatten. Da war Lehrerin Mena, die in den ersten beiden Klassen lehrte, Lehrer Leo Noggler unterrichtete die drei Klassen gemeinsam bis zur Fünften, und in den drei letzten Klassen der Pflichtschule lehrte Lehrer Thöni, ein guter Mathematiker.

Rosa war immer gerne zur Schule gegangen. Sie hatte auch großes Glück mit dem kurzen Schulweg, da ihre Familie gleich im Dorf neben Kirche und Widum gewohnt hat. Für sie und ihre Geschwister war es ein sprichwörtlicher Katzensprung bis zur Volksschule, verglichen mit den sehr weiten und oft auch steilen Schulwegen der Klassenkameraden, die in den Weilern und Dörfern rund um St. Valentin zu Hause waren. Wie viele genau sie gewesen sind, das konnte Rosa gar nicht sagen, aber an die 100 Kinder waren es bestimmt, die gemeinsam mit ihr die Volksschule besucht haben. Deutsch, Schreiben und Lesen, und Mathematik haben sie gut gelernt, da war sich Rosa sicher, aber Italienisch? Diese jungen Lehrerinnen, die aus dem tiefsten italienischen Süden zu ihnen heraufgeschickt worden sind, haben jedes Jahr gewechselt. Länger hätten sie es wohl auch nicht ausgehalten. Auf Deutsch verstanden sie kein einziges Wort. Und die Lust der Schüler, Italienisch zu lernen, hielt sich stark in Grenzen. Es war auch gar nicht nötig, dass man sich für den Italienischunterricht angestrengt hat, denn dieses Fach konnte getrost vernachlässigt werden. *Bei uns heroben hat das nie jemanden interessiert. Nicht so Religion.* Bei diesen Gedanken musste Rosa in sich hineinlächeln. Denn, dass man in Religion gute Noten hatte, war den Eltern immer mit das Wichtigste gewesen, und nun sorgte ausgerechnet Pfarrer Rainer, der bei ihr in der Volksschule auch für den Religionsunterricht zuständig war und gemeinhin größten Respekt genoss, dass sie und ihre Freundinnen nach Italien kamen. Aber, dass der Vater dann doch seine

Erlaubnis erteilt hat, da war sich Rosa sicher, war bestimmt auch deshalb, weil bereits seine drei Schwestern, Rosas Tanten, noch in den Dreißigerjahren in Italien auf einer Dienststelle gewesen sind.

Maria, geboren 1908, und Rosa, Jahrgang 1907, waren in Mailand als Dienstmädel beschäftigt, und Karolina, die 1906 zur Welt kam, hatte in Mantua gearbeitet. Rosa kann sich erinnern, wie gerne sie ihren Tanten zugehört hat, wenn die eine oder andere auf Besuch bei ihnen zu Hause in der Stube gesessen ist und aus ihrer Dienstzeit in Mailand oder Mantua erzählt hat. Tante Karolina hatte ein dermaßen gutes Verhältnis zu den Leuten in Mantua, dass sie, da war sie schon lange wieder zurück in St. Valentin und längst verheiratet, den Kontakt zu ihren Dienstherren nie abgebrochen hat. Wie dann die Dienstherren verstarben, pflegte sie den Kontakt weiter zu deren Kindern, auf die sie in Mantua aufgepasst hatte. Gut hatten es auch Tante Maria und Tante Rosa.

Maria arbeitete in Mailand bei einem Richter in einem noblen Haus. Kennengelernt hatte sie ihn in St. Valentin, wohin der Richter jeden Sommer ein paar Wochen in die Sommerfische kam. Er suchte die Ruhe. Mietete sich eine Hütte, ging zum Fischen zum Haider See. Maria, fleißig, freundlich und zuverlässig, schien ihm geeignet, seinen Haushalt in Mailand zu führen. Und Maria ging gerne mit. Sie hat einen anständigen Lohn bekommen und zugesehen, dass sie auch einen Arbeitsplatz für ihre beiden Schwestern gefunden hat, denn in jener Zeit, Ende der Zwanziger-, Anfang der Dreißigerjahre, herrschte in ihrer Heimat die bitterste Not. Mit der Machtergreifung der Faschisten im Jahr 1922 begann in Südtirol die Zeit der verschärften Unterdrückung mit dem Verbot der deutschen Sprache, des deutschen Brauchtums und der deutschen Familien- und Ortsnamen. Dieses vehemente Augenmerk auf die Italianisierung des Landes brachte zwangsläufig mit sich, dass die wirtschaftliche Entwicklung auf der Strecke blieb. Was schließlich dazu führte, dass man sich eine bezahlte Arbeit außerhalb der Heimat suchte. Häufig genug auch, um damit seine Angehörigen zu Hause finanziell zu unterstützen.

Ihren Tanten war es in den italienischen Haushalten gut gegangen, das wusste Rosa aus deren Erzählungen. Besonders von Tante Maria. Der Richter nahm sie sogar mit in die Mailänder Scala, in das *Teatro alla Scala*, wie sie erzählte, in dieses weltweit bekannte und bedeutende Opernhaus. Maria hatte so ihre Liebe zur klassischen Musik entdeckt. Auch zu Hause in St. Valentin, als sie wieder zurückgekommen war, hat sie weiterhin diese Musik gehört. Als Einzige im Dorf! Sie, die Kinder, hatten nie verstanden, was das für eigenartige Klänge waren, die die Tante auf ihrem Grammofon, ebenso ein Mitbringsel aus Mailand, spielte. So eine Musik kannten sie überhaupt nicht. In der Kirche spielte die Orgel und auf einem Volksfest hörten sie vielleicht einmal eine Trompete oder eine Ziehharmonika. Aber das? Also nahm Tante Maria Rosa beiseite und erklärte, dass es sich hierbei um klassische Musik handle. Sie schwärmte von Instrumenten wie Klavier, Geige und Cello, und ihre Augen leuchteten, während sie Namen wie Verdi, Vivaldi oder Rossini aussprach. Sie erläuterte, was ein Opernhaus ist, was Arien sind und was man unter *Belcanto* zu verstehen hat.

Tante Maria erzählte noch von einer weiteren interessanten Erfahrung: von den deutschen Ordensschwestern in der *via Panizza*. Wie sie an den Sonntagnachmittagen regelmäßig zur Zusammenkunft der Dienstmädel aus Südtirol in dieses Kloster gegangen war. Wie gut sich die Nonnen der heiligen Elisabeth um die deutschsprachigen Frauen gekümmert hatten, dass sie ihnen die Möglichkeit boten, sich mit ihresgleichen auszutauschen, bei Bedarf Informationen einzuholen und von Erfahrungen zu berichten. Und vor allem schenkten sie ihnen etwas Geborgenheit in der Fremde.

Während Rosa nun im Zug nach Verona saß, der Umstieg auf dem Bahnhof in Bozen war mit Pfarrer Rainer problemlos gewesen, bahnten sich die Erzählungen der Tante über die Ordensschwestern in der *via Panizza* immer wieder einen Weg in ihr Bewusstsein. Bald würde sie genau jenen Ort kennenlernen, den sie vom Hörensagen schon seit ihrer frühen Kindheit kannte. Seit sie denken konnte, war sie von dieser fernen Stadt fasziniert, war sie Tante Maria nicht von der Seite gewichen, um keine Gelegenheit zu verpassen, weitere Details aus deren Mailänder Zeit zu erfahren. Das Lachen in den Augen der Tante, wenn sie vom Kloster der Ordensschwestern aus Norddeutschland und ihren Erlebnissen dort erzählte, hatte bei Rosa Eindruck gemacht. Nun bewirkten ihre Erinnerungen, dass sie eine prickelnde Vorfreude immer stärker spürte, je näher sie ihrem Zielbahnhof kamen. Der Pfarrer dagegen freute sich, dass es ihm auch gelungen war, Rosas Eltern von den Vorteilen des Aufenthalts in Mailand für ihre Tochter zu überzeugen. Dafür nahm er gerne ein paar Unannehmlichkeiten und Auslagen auf sich. Aber die Mädchen ohne Begleitung auf den Weg ins Ungewisse zu schicken, wäre für ihn nie infrage gekommen. Und hätte er verlangt, dass die Eltern selbst für die Fahrkarten aufkamen, dann hätte man erst recht gezögert, die Mädchen gehen zu lassen.

„Bald erreichen wir den Bahnhof von Verona", durchbrach Pfarrer Rainer das Schweigen, das zwischen ihm und Rosa schon seit der Abfahrt in Bozen geherrscht hatte. Er hatte gemerkt, dass Rosa ihren eigenen Gedanken im Kopf nachgehen wollte, und da hatte er sich zurückgenommen. Für sie begann ein aufregendes Abenteuer. Sicher, sie würde viel arbeiten müssen, aber sie wird auch viele wichtige Erfahrungen sammeln können und jede Menge über Hauswirtschaft lernen. Ihre Basis für die Zukunft. Und was er ihr mit auf den Weg geben wollte, war schon längst erzählt.

Rosa drehte stumm ihren Kopf zum Pfarrer und nickte zum Zeichen, dass sie ihn gehört hatte. Unentwegt hatte sie bisher aus dem Fenster gesehen. Vor ihren Augen tat sich eine neue Welt auf, die so schnell ihr Aussehen veränderte, dass sie sich beeilen musste, um so viel wie möglich zu erblicken.

Sie war schon so aufgeregt. *Mailand ist etwas Großartiges!* Rosas Gedanken schienen sich zu überschlagen. Das Herz klopfte vor Aufregung. *Nicht, wie Mama!* Sie, Rosa, hatte keine Angst vor Neuem. Nicht vor der Größe der Stadt, nicht vor der fremden Sprache, nicht vor dem Unbekannten. Sie war gewillt, in diesen Monaten, die man ihr gestattet hatte, nach Mailand zu gehen, so viel wie nur möglich an Erfahrung und Wissen einzusaugen. Auch wenn sie es vorgezogen hätte, keine Frist genannt zu bekommen, so tröstete Rosa sich damit, dass auch schon ihre Tanten nicht für das ganze Jahr von zu Hause die Erlaubnis bekommen hatten, zum Arbeiten fortzugehen. Das muss man sich mal vorstellen! Viele Jahre waren sie in ihren italienischen Dienststellen, aber in den Sommermonaten mussten sie nach Hause kommen. Obwohl sie in der Fremde gutes Geld verdienen konnten und zu Hause die blanke Not herrschte, hatte der Großvater doch verlangt, dass sie den Sommer über ihre Dienststellen verlassen, um zu Hause auf dem Hof und bei der Heuarbeit mitzuhelfen. Das hatten die Tanten immer gerne laut betont. „Mit der *Segnes* auf der Achsel mussten wir auf die Felder hinausgehen zum Mähen!" In ihren Dienststellen waren sie Gouvernanten und Kindermädchen, lebten in noblen Häusern und lernten auch ein paar angenehme Seiten des Lebens kennen. Aber zu Hause hatten sie den Männern gleich harte Bauernarbeit zu verrichten. Die Tanten hatten sich gegen die Forderung ihres Vaters aber nie aufgelehnt, sondern sich stets gefügt. Nun war es an Rosa, sich dem Willen ihres Vaters zu beugen. Bis zum Mai im nächsten Jahr hatte er seine Erlaubnis gegeben. Diese Zeit wollte Rosa nutzen. Ihre Erwartungen an Mailand waren groß. Sie war aufgeregt und voller Vorfreude.

Der Zug fuhr in Verona langsam in den Hauptbahnhof, die *stazione Verona Porta Nuova,* ein. Mit weit aufgerissenen Augen blickte Rosa in die neue Umgebung, während sie hinter dem Pfarrer aus dem Zug stieg. Die Größe des Bahnhofs und das Menschengewirr ließen sie aus dem Staunen nicht herauskommen. Erst recht nicht mehr, als dann auch noch diese überlaute Stimme ertönte. Woher kam sie? Was wollte sie? Lautsprecherdurchsagen. Sagte der Pfarrer, der

Rosas fragenden Blick richtig deutete, und fügte hinzu, dass es strengstens verboten sei, die Gleise zu überqueren. Er zog seinen Schützling hinter sich her die Treppe zur Unterführung hinunter. Rosa glaubte, ihren Augen nun wirklich nicht mehr zu trauen: Der ganze Bahnhof war über Wege unter der Erde miteinander verbunden! Überall war es taghell! Und die laute Stimme schien ihnen zu folgen! Die ganze Unterführung war mit großen lichtspendenden Lampen und einer Reihe von Lautsprechern ausgestattet, um die Zugfahrgäste über An- und Abfahrtszeiten der jeweiligen Züge zu informieren und anzukündigen, auf welchem Bahngleis gerade ein Zug ein- oder ausfuhr. „Bahnsteig zwei, von dort fährt der Zug nach Mailand ab", übersetzte Pfarrer Rainer die Lautsprecherstimme, „da müssen wir hin. Schwester Luzia erwartet uns!"

Auf dem Bahnsteig verlief die „Übergabe" sodann problemlos. Die bereits nach ihnen Ausschau haltende Schwester Luzia und Pfarrer Rainer begrüßten einander wie alte Bekannte. Auf die Frage, wie sich seine Schützlinge Frieda, Emma und Gertraud bei den Ordensschwestern machten, versicherte Schwester Luzia lachend, dass es recht ordentliche Mädchen seien, die bereits voller Freude auf Rosa warteten. Die heitere Schwester Luzia, die Rosa auf Anfang Dreißig schätzte, war Rosa gleich sympathisch. Sie hatte eine so freundliche, frohe Art, dass man ihr sofort sein Vertrauen schenkte. Für einen langen Abschied blieb wenig Zeit. Aus dem Lautsprecher wurde bereits die baldige Abfahrtszeit ihres Zuges nach Mailand durchgegeben. Rosa hatte nichts dagegen, dass die Reise weiterging. Pfarrer Rainer richtete noch ein paar ermahnende Worte an Rosa und an Schwester Luzia herzliche Grüße für die Ordensschwestern, dann trennten sich ihre Wege.

Der Zug brachte Rosa, nun an der Seite von Schwester Luzia, immer weiter in Richtung Mailand. Die Zeit bis zur Ankunft nutzte Schwester Luzia, um Rosa von der Klosteranlage zu erzählen, von den drei großen Häusern, die zum Gebäudekomplex in der *via Panizza* gehörten: das Haupthaus mit der kleinen Kirche, die Villa *San Giuseppe* und die Villa *Violetta*. Rosa ereiferte sich ebenso zu berichten, dass sie schon viel vom Kloster in der *via Panizza* gehört hatte, von ihren Tanten, die schon dreißig Jahre vor ihr in Mailand auf einem Dienst gewesen sind.

„Tante Maria hatte immer nur Gutes von den Nonnen erzählt. Dass sie an den Sonntagnachmittagen gerne in das Kloster gekommen ist, dass sie dort viele Südtiroler Dienstmädel kennengelernt hatte und dass es schön gewesen ist, seine Muttersprache sprechen zu können", sprudelte es aus Rosa heraus, aufgeregt wie sie war.

„Das ist heute noch so!", lachte Schwester Luzia und bestätigte, „an den Sonntagnachmittagen ist der große Saal im Haupthaus voll mit jungen Südtiroler Frauen! Sie hören Musik, tanzen und haben die größte *Hetz!* Du wirst sehen, da geht es lustig zu!"

Sie erreichten die *stazione Milano Centrale,* den Mailänder Hauptbahnhof. *Unglaublich! Was für ein gewaltiger Bahnhof!* Rosa blickte schon beim Einfahren des Zuges mit offenem Mund auf fünf riesige Wölbungen aus Stahl und Glas, die die Bahnhofshalle überdachen. Bei den Unmengen an Bahngleisen, die in den Bahnhof führen, verzählte sie sich unweigerlich, während sie mit einem Mal die Angst der Mutter vor der Größe und dem Unbekannten dieser Stadt verstehen konnte. Nie und nimmer wäre es einem von ihnen zu Hause möglich gewesen, sich in diesem geradezu imposanten Bahnhofsgelände zurechtzufinden! *Und das ist erst der Bahnhof!* Rosa bekam eine Ahnung von der völlig anderen Welt, die sie sich gar nicht vorzustellen vermocht hatte, aber in die sie nun gekommen war. Erleichterung durchfuhr sie, wie sie Schwester Luzias zupackende Hand spürte, die die ihrige ergriff und diese erst wieder los ließ, als sie vor dem Gebäudekomplex der Klosteranlage in der *via Panizza* aus der Trambahn stiegen. Mit ihrem Köfferchen in der Hand folgte Rosa Schwester Luzia die breiten Stufen hinauf zum Eingangsportal des Haupthauses.

Frieda, Emma und Gertraud hatten die Erlaubnis bekommen, ihre Arbeit zu unterbrechen, um ihre Kameradin aus der Heimat in Empfang zu nehmen, sie im gemeinsamen Schlafzimmer unterzubringen und sodann in den Arbeitsprozess einzuweisen. Die Instandhaltung der Klosteranlage war ihre Hauptaufgabe. Dafür beschäftigten die Nonnen, die zum überwiegenden Teil aus Norddeutschland stammten, an die neun bis zehn Mädchen, die rein verständigungstechnisch Deutsch beherrschen mussten und deshalb gerne aus Südtirol geholt wurden.

Die Mädchenzimmer, drei an der Zahl, befanden sich im letzten Stockwerk der Villa *San Giuseppe*. Rosa staunte einmal mehr, als die drei Kameradinnen die Tür zum Badezimmer öffneten, das den Mädchen zur gemeinsamen Benutzung zur Verfügung stand. Stolz drehten sie die Wasserhähne des Waschbeckens und der Badewanne auf, zerrten Rosas Hand unter den Wasserlauf, damit sie spüren konnte, dass das Wasser warm aus dem Hahn floss. Und eines der Mädchen zog triumphierend an der Klospülung! So was hatte Rosa, wie die anderen Mädchen vor ihr, ehe sie nach Mailand kamen, bisher noch nicht gesehen. Zu Hause gab es ein Plumpsklo und eine Schüssel zum Abwaschen mit ausschließlich kaltem Wasser. Gewärmt hatte die Mutter höchstens das Badewasser, worin die Kinder einmal in der Woche nacheinander gesteckt worden waren. *Fließendes, warmes Wasser! Was für ein Luxus!* Ihre Gedanken und die Gesellschaft der Freundinnen machten Rosa geradezu euphorisch. Da keuchte mit einer Nachricht von Schwester Gregoria aus der Wäscherei die überaus hübsche Hermine mit den dichten, blonden Zöpfen die Treppe zu ihnen herauf in den letzten Stock der Villa *San Giuseppe*: „Wo bleibt ihr denn? Ihr solltet längst beim Wäscheglätten sein!" Diese Ermahnung ließ Bewegung in die Viererguppe kommen. Rosa bekam schnell ihre graue Kittelschürze – die Arbeitskleidung der Mädchen – ausgehändigt, und schon schickten sie sich an, loszulaufen. Aber bevor sie ihren Stock verließen, stampfte Hermine noch ein paar Mal ganz gehörig auf den Boden, woraufhin die anderen sich unvermittelt die Hand vor den Mund hielten, um nicht loszuprusten. „Das ist wegen Schwester Floriana", raunte Frieda in Rosas Ohr und fügte hinzu, sie habe genau im Stockwerk unter ihnen ihr Zimmer.

Der bereits über 70 Jahre alten Schwester Floriana wurde die Aufgabe zuteilt, die Mädchen in ihren Zimmern zu hüten. Dafür hatte sie nicht wie ihre Klosterschwestern im Nonnentrakt im Haupthaus zu nächtigen, sondern im Stockwerk unter den Mädchen in der Villa *San Giuseppe*.

Die Schwester Oberin wird für ihre Aufgabeneinteilung ihre Gründe gehabt haben. Tatsache war, dass die Mädchen und Schwester Floriana ihre Differenzen hatten. Die bereits etwas in die Jahre gekommene Ordensfrau hatte nun mal in keinster Weise Verständnis für den Übermut und den jugendlichen Leichtsinn der 14- bis 18-jährigen Backfische. Nun, die Mädchen ließen sich nicht unterkriegen. Das Stampfen auf den Boden war eine der Möglichkeiten, um Schwester Floriana etwas zu plagen. Aber Rosa werde alles noch selbst erfahren können, jetzt wäre es höchste Eisenbahn, den Dienst anzutreten, ermahnten die Kameradinnen und zogen den Neuankömmling mit sich in die Waschküche im Haupthaus.

Die Mädchen hatten in der Waschküche die großen Waschmaschinen zu füllen, die Wäsche zum Trocknen aufzuhängen, zu bügeln und die feineren Stoffe der Nonnen, wie die vielen Spitzentücher, mit der Hand auszuwaschen. Tagtäglich waren regelrechte Berge an Bettwäsche, Handtüchern, Tischdecken und Stoffservietten zu bewältigen, da die Nonnen im Klosterkomplex auch eine Herberge für Reisende führten. In der Villa *Violetta* waren die vielen Fremdenzimmer untergebracht. Das Reinemachen der Fremdenzimmer mit den dazugehörigen Bädern gehörte ebenso zu den Aufgaben der Mädchen, wie es ihre Aufgabe war, sich um die Gästebettwäsche und die Gästehandtücher zu kümmern.

Auch in der Küche hatten sie mitzuhelfen, im Reich von Schwester Pascalis, der Köchin unter den Nonnen. Da die Gäste ihre Zimmer mit Frühstück, aber auch mit Abendessen buchen konnten, fiel jede Menge Küchenarbeit an. Und die Mädchen hatten Schwester Pascalis natürlich tatkräftig zur Hand zu gehen. Auch für das Servieren der Mahlzeiten wurden die Mädchen eingeteilt. Das Frühstück und das Abendessen wurden im großen Saal im Haupthaus serviert. Die Mädchen hatten die Tische aufzudecken, zu servieren, abzuräumen und im Anschluss den Abwasch in der Ordensküche zu erledigen.

Der Beherbergungsbetrieb der Nonnen war stets sehr gut besucht. Besonders zur Zeit der Mailänder Messe wählten viele Gäste, auch noble Reisende waren darunter, das Kloster für ihre Unterkunft. Genauso reisten Kaufleute aus dem Nahen Osten für die Fachmesse an. Diese waren den Mädchen schon nur wegen ihrer eigenartigen Kleidung suspekt. Luftige, knöchellange, meist weiße Gewänder, und auf dem Kopf hatten sie ein ebenso meist weißfarbiges Tuch, das mit einem schwarzen Kopfring fixiert wurde. Dergleichen Aufmachung nur aus Büchern kennend, mutmaßten sie sogleich, dass es sich hierbei um Stammesoberhäupter handeln müsste. „Das sind die Scheichs", flüsterten sie einander hinter vorgehaltener Hand zu und machten sich über die schöne Hermine lustig, die mit ihren langen, blonden Zöpfen den arabischen Herren besonders gut gefallen hat. Sie haben sich einen Spaß daraus gemacht, das hübsche Mädchen damit aufzuziehen. „Wenn dich dein Vater den Arabern gibt, dann bekommt er dafür viele Kamele!", kicherten sie um die Wette und hielten sich ihre Bäuche vor Lachen bei der Vorstellung, wie es in Hermines Heimatort Uttenheim zugehen werde, wenn da die Kamele aufmarschierten. Selbst die Nonnen haben den Spaß mitgemacht, aber auch Hermine konnte sich trotz aller Empörung bei der

Vorstellung einer Kamelparade in ihrem Dorf das Lachen nicht ganz verkneifen.

Neben einer Vielzahl exotischer Gäste nächtigten aber häufig auch Südtiroler im Beherbergungsbetrieb der Nonnen. Gerade die Angehörigen der vielen in Mailand inhaftierten *Südtirol-Aktivisten* wählten die Unterbringung bei den Nonnen, da hier auch deutsch gesprochen wurde. Rosa hatte von der prekären politischen Situation in Südtirol zwar nicht wirklich viel mitbekommen, auch in ihrer Familie war das kein großes Thema gewesen, aber gänzlich unbemerkt waren die Anschläge in der Heimat nicht geblieben, erst recht, als sich diese nach dem ersten *Mailänder Prozess* im Jahr 1964 erheblich intensiviert hatten. Die Südtiroler waren mit der Regierung in Rom unzufrieden, soviel hatte Rosa wohl mitbekommen, aber was genau gemeint war mit Selbstbestimmung oder mit Autonomie, die die Italiener den Südtirolern, obwohl zugesichert, nicht gewährten, das verstand sie nicht wirklich. Nur, dass viele Südtiroler wegen dieses „Befreiungskampfes", wie ihn die Angehörigen der Inhaftierten bezeichneten, im Mailänder Gefängnis auf ihren Prozess warteten, das bekam Rosa beim Servieren von Frühstück und Abendessen unweigerlich mit. Der starke Andrang an Südtiroler Angehörigen kam erst dann allmählich zum Erliegen, als der zweite *Mailänder Prozess* mit der Urteilsverkündung am 20. April 1966 sein Ende fand. Aber noch war es nicht soweit. Rosa hatte vor wenigen Wochen ihre Dienstzeit im Kloster bei den Schwestern der heiligen Elisabeth angetreten und war noch dabei, sich an den Dienstplan zu gewöhnen, der wöchentlich erstellt und an den die Mädchen sich zu halten hatten.

Darauf war abzulesen, wann man wo zur Arbeit eingeteilt war. War es nicht zum Putzen oder Waschen im Gästehaus Villa *Violetta* oder in der Waschküche, konnte man zum Küchendienst eingeteilt sein, zum Servieren im Speisesaal oder zur Reinigung des Schlafsaals für die Armen, die die Nonnen den Minderbemittelten zum Schlafen und für die Körperhygiene zur Verfügung stellten. Dieser Schlafsaal mit etwa acht Pritschen befand sich im Erdgeschoss der Villa *San Giuseppe*. Die Männer, aber auch die Frauen, die hierher zum Schlafen kamen, bekamen die Mädchen nie zu Gesicht. Sie wurden von einer Nonne am späteren Abend eingelassen und zu einer frühen Morgenstunde wieder verabschiedet. Die Mädchen betraten den menschenleeren Schlafsaal nur zum Beziehen der Betten, zum Wischen des Fußbodens, zum Putzen der Fenster, des Klos und des Duschraums, der an den Schlafsaal angrenzte.

Im Innenhof der drei Häuser befand sich ein schöner Garten mit wunderbaren Rosensträuchern. Die Pflege der Rosensträucher oblag ebenso den Mädchen. Genauso wie das Wischen der diversen Treppenhäuser, das Putzen der vielen Fenster in der Klosteranlage und die Pflege der unzähligen Parkettböden, mit denen sämtliche Zimmer des Klosters ausgestattet waren. Das Polieren dieser Böden war eine ganz spezielle, zeitaufwendige Arbeit. Dafür war immer gleich eine ganze Gruppe von Mädchen eingeteilt. Jede bekam ein Schwämmchen aus einer Art Stahlwolle, das sie sich unter die Füße klemmen musste, und dann ging es los. Zentimeter für Zentimeter musste in mühseligen Kreisbewegungen der Parkettboden abgerieben und aufpoliert werden. Das war eine besonders anstrengende Arbeit, fand Rosa.

Den einzigen Bereich in dem ganzen großen Kloster, für den nicht die Mädchen zuständig waren, das war der Teil im Haupthaus, in dem die Nonnen wohnten. Für diesen Bereich war Abgeschlossenheit, also Klausur, vorgeschrieben, und Fremde haben keinen Zutritt zur Klausur. Das galt auch für die Mädchen, das war Tabu. Die Schwestern haben sich um ihre Zimmer selbst gekümmert, und auch der Speisesaal der Nonnen befand sich in der Klausur. Das Auftragen ihrer Mahlzeiten übernahmen die Klosterfrauen somit ebenso selbst. Nur für das Zubereiten der Speisen in der Küche bei Schwester Pascalis waren die Mädchen wieder zur Mithilfe eingeteilt.

Die unzähligen italienischen Gerichte waren allesamt Neuland für die Bauernmädchen, die an die oft eintönige Hausmannskost gewohnt waren. Bei Rosa zu Hause gab es zwar wohl auch vor der Hauptmahlzeit zu Mittag, die meist aus einem einfachen Pfannengericht bestand, eine Vorspeise, aber das war immer nur eine Suppe: Brennsuppe, Nudelsuppe, Suppe mit *Frigelen,* mit *Frittaten.* Hier in Mailand bestand jede Mahlzeit, ob zu Mittag oder am Abend, aus mindestens drei Gängen: Vorspeise, Hauptspeise, Nachtisch. An den Sonn- und Feiertagen wurde vor der Vorspeise zudem mindestens ein *antipasto*-Gericht gereicht, gerne auch mehrere. Diese Menüfolge wurde auch den Herbergsgästen serviert. Rosa lernte in der Küche die Zubereitung der verschiedenen *antipasti* kennen: *bruschette, vitello tonnato, arancini, caprese, prosciutto e melone.* Bei den mannigfachen Vorspeisen war nicht selten einiges Geschick nötig, etwa bei den diversen Nudelteigtaschen wie *tortellini, ravioli* oder *agnolotti.* Aber auch die korrekte

Zubereitung von *cannelloni, lasagne* und *gnocchi di patate* erforderte die Beherrschung jeder Menge Handgriffe. Dann die verschiedenen Fleisch- und Fischgerichte und erst die ganzen Gemüsesorten: Zucchini, Paprika, Fenchel, Rosenkohl! Zu Hause gab es höchstens mal einen Blumenkohl, aber Rosenkohl? Was sollte das überhaupt sein? Die Dinger sahen aus wie kleine Krautköpfe. Rosenkohl wollten die Mädchen gar nicht erst probieren. Da machten sie ihrer Herkunft alle Ehre und blieben dem Sprichwort „Was der Bauer nicht kennt, isst er nicht!" treu. Sicher, zu Hause war die Küche bei Weitem nicht so vielfältig, aber bei den Speck- und Leberknödeln wusste man wenigstens, was man auf dem Teller hatte. Aber nicht nur bei ungewohnten Gemüsesorten trauten sich die Mädchen, die in der Gruppe zunehmend ihre Stärke trainieren konnten, zu protestieren. Auch an jenem famosen Festtag, als eine große Anzahl an Gästen, kirchlichen und weltlichen, geladen war, ließen sie sich nicht alles gefallen.

Schon Wochen vor dem Ereignis mussten die Mädchen Extraschichten einlegen, um alles blitzblank zu bekommen, den großen Saal festlich herzurichten und die vielen Speisengänge für das Festmenü zuzubereiten. Die Vorbereitung einer ganzen Reihe *antipasti,* vieler verschiedener Vorspeisen, Fleisch- und Fischgerichte sowie Desserts und Kuchen hatte mehrere Tage in Anspruch genommen. Als dann die Gäste eintrafen und immer zahlreicher wurden, sodass schließlich der große Saal bis auf den letzten Platz gefüllt war und sogar Zusatzstühle bereitgestellt werden mussten, kam Schwester Pascalis, die Köchin, ins Schwitzen. Schließlich war sie davon überzeugt, die vorbereiteten

Speisen würden nie und nimmer ausreichen. Die Angst vor dieser Blamage, sich bei der Menge vertan zu haben, ließ sie eine folgenschwere Entscheidung treffen: Die Mädchen mussten verzichten! Rasch briet sie den Mädchen ein paar Spiegeleier mit Kartoffeln und stellte die gewöhnliche Mahlzeit auf den Tisch in den Essraum der Mädchen, der an die Küche angrenzte.

Verschwitzt und von der Arbeit völlig fertig, freuten sich die Mädchen auf das Festessen, das mit ihrer Hilfe schon seit Tagen vorbereitet wurde. Wie sie ihren Essraum betreten, glauben sie ihren Augen nicht zu trauen. „Spiegeleier? Was soll das?", rief eines der älteren Mädchen unvermittelt aus. Die Pustertaler Mädchen, die in ihrer Art stets etwas rescher waren und sich auch mehr getraut haben, als sie, die Mädchen aus dem Obervinschgau, waren gleich bei Schwester Pascalis, um nach den guten Gerichten zu verlangen. Aber Schwester Pascalis erklärte ihnen nur umständlich, dass es ihr leid täte, aber es sei nun mal so, dass sie es nicht riskieren könne, für die Gäste zu wenig gekocht zu haben und ... Aber weiter kam sie nicht! Schon wurde sie unterbrochen! Die Mädchen durchschauten das falsche Manöver. Schwester Pascalis wollte sie mit dem ordinären Essen abspeisen, während sich die Ordensschwestern und die geladenen Gäste die herrlichsten Gerichte schmecken lassen durften.

„Das lassen wir uns nicht gefallen! Wir haben einen ganzen Monat lang putzen müssen für dieses Fest, und nun bekommen wir kein gutes Essen!", sprach die schöne Hermine laut aus, was die anderen ebenso dachten. Und ihre Freundin Ida legte sogar noch eines drauf: „Wenn das so ist, dass wir nur diesen Fraß bekommen, dann werden wir heute Nachmittag auch nichts mehr arbeiten!" Noch ehe diese Worte in der Küche verhalt waren, banden sich die Pustertalerinnen ihre Schürzen ab und marschierten geschlossen aus der Küche, und hinter ihnen beeilten sich Rosa, Frieda, Emma und Gertraud, den Anschluss nicht zu verpassen.

Ihr Weg führte die Mädchen geradewegs in die geliebte „Upim", das große, schillernde Kaufhaus, um sich mit allerhand Schleckzeug und Süßigkeiten gegen den ärgsten Hunger einzudecken. Das Herz schlug Rosa die ganze Zeit über bis zum Hals. Ungehorsam war sie nicht gewohnt, und was ein Streik war, hatte sie bis zu diesem Zeitpunkt gar nicht gewusst. Aber, es fühlte sich gut an! Wie die Mädchen, die Taschen gut mit Süßkram gefüllt und bester Laune, wieder auf den *corso Vercelli* hinaustraten, jene Mailänder Prachtstraße, in der schon damals die nobelsten Geschäfte und größten Kaufhäuser wie die „Upim" zu finden waren, kicherten sie einander verschmitzt zu bei der Vorstellung, wie Schwester Pascalis sich nun alleine mit dem ganzen Abwasch plagen musste. Gut so! Der Groll über die ungerechte Behandlung war noch längst nicht verflogen, und da bis zum Abend noch jede Menge Zeit übrig war, entschieden sie, auch gleich noch die Trambahn in die Innenstadt für einen Abstecher zum Mailänder Dom zu nehmen. Den Weg dorthin hätte Rosa nie im Leben alleine gefunden, den Rückweg zum Kloster erst recht nicht, auch wenn sie mit den Mädchen regelmäßig zum Dom kam.

Einen freien Tag haben die Mädchen bei den Nonnen zwar nie bekommen, gearbeitet wurde jeden Tag in der Woche von morgens früh bis abends spät, aber ab und zu gaben die Klosterfrauen den Mädchen an den Nachmittagen ein paar Stunden zur freien Verfügung. Diese Zeit haben die Mädchen genutzt, um in Mailand spazieren zu gehen. Gleich oberhalb der *via Panizza* befindet sich der *corso Vercelli* mit der „Upim". Dorthin sind die Mädchen gerne gegangen. So viele Warenartikel, die Rolltreppe, die vielen Lichter! Das war schon etwas ganz Besonderes, nicht wie zu Hause, wo es im Dorf einzig einen Krämerladen gab.

Die Mädchen nahmen aber auch gerne die Trambahn und fuhren in die Innenstadt zum Domplatz in das große Einkaufszentrum *Galleria Vittorio Emanuele II*. Wo es die ganz besonders edlen Dinge zu kaufen gab. Wie die sehr noble weiße Bluse, die sich Rosa von ihrem Lohn bei den Nonnen, der nicht groß war, aber eine Kleinigkeit hat man ihnen doch gegeben, gegönnt hat, ehe sie wieder nach Hause gefahren ist. Dafür ging sie eigens zu Schwester Luzia mit der Bitte, sie möge doch so lieb sein und sie begleiten. Denn wenn die Mädchen auch gar einiges bei den Nonnen gelernt haben, Italienisch war nicht dabei gewesen. Im Kloster und untereinander sprachen die Mädchen ausschließlich deutsch. Auch für die Messe am Sonntag, die in der klostereigenen Kirche gelesen wurde, kam eigens ein deutschsprachiger Priester. Und so sprach Rosa nach wie vor so gut wie kein Wort in Italienisch. Also machte sich ihre Lieblingsschwester mit ihr auf den Weg in das große Einkaufszentrum auf der *piazza Duomo*, um sie mit der Sprache und auch moralisch zu unterstützen. Rosa traute sich fast nicht, den edlen Stoff zu berühren, so schön wie die Bluse gefertigt war mit vielen, eng genähten Bliesen. Richtig kostbar! Rosa trat mächtig stolz mit dem noblen

Stück aus feinem Stoff hinaus auf die *piazza* und blicke hinauf auf das Dach des Mailänder Doms. Da oben, auf dem höchsten Punkt, den man zu Fuß über Treppen erreichen kann, steht ein Fernrohr. Viele Male war sie hier gewesen. Immer dann, wenn das Heimweh besonders gedrückt hatte, ist Rosa mit den Mädchen hierhergekommen. Sie hatte mit den Mädchen bei der Arbeit im Kloster einen Heidenspaß, das schon, aber manchmal nahm der Schmerz beim Gedanken an die Lieben zu Hause überhand. Da haben sich die Mädchen zurechtgemacht und sind mit der Tram zum Dom gefahren, sind auf das Dach gestiegen und haben durch das Fernrohr geschaut. „Damit können wir hinaufsehen zu den Bergen, bis nach Hause!", waren sie überzeugt.

Ganz nach St. Valentin hat Rosa zwar nicht blicken können, aber Berge sind schon vor ihr aufgetaucht, wie sie ihre Augen ganz dicht an das Okular drückte, und dabei ist ihr immer etwas wehmütig ums Herz geworden. Verstohlen wischte sie sich ein paar Tränen weg, um sich mit den nassen Augen nicht auch noch die ganze Sicht zu nehmen. Wie gerne hätte sie wieder einmal die Mutter gehört. Den einzigen Kontakt, den man mit zu Hause hatte, war über Briefe möglich, aber die brauchten ja so unmöglich lange. Rosa hatte auch schon im Verdacht, dass die Briefe vielleicht unterwegs verloren gehen. Die Schwestern hatten im Kloster wohl Telefon, aber das nützte den Mädchen nicht viel, denn in deren Häusern zu Hause gab es solche Fernsprechapparate gewöhnlich nicht. Zumindest war das bei Rosa so. Also blieben einzig die spärlichen Briefe und ein gelegentlicher Blick durch das Fernrohr, um die Sehnsucht nach der Heimat wenigstens etwas zu stillen.

Und dann kam Weihnachten. Schwester Luzia war mit der freudigen Nachricht zu ihnen geschickt worden. Sie, die auch die jüngste unter den etwa zwölf Ordensschwestern war, die den Klosterkomplex in der *via Panizza* geführt haben, war die Lieblingsschwester der Mädchen. Wann immer es darum ging, die Mädchen außerhalb der Klostermauern zu begleiten, dann wurde Schwester Luzia – wohl auch aufgrund ihres jüngeren Alters – von der Schwester Oberin mit dieser Aufgabe betraut. Mit Schwester Luzia durften die Mädchen auch eine der imposanten Mailänder Fachmessen besuchen. Das Messegelände war schier enorm. Der ganze *Gallimarkt* passte praktisch in das Areal einer einzigen Halle! Die Mädchen bekamen ihre Münder vor Staunen gar nicht mehr zu. So gigantische Hallen, so unglaublich viele Schausteller, so ein gewaltiges, diffuses Menschengewirr! Da wurde man regelrecht eingeschüchtert! Genau wie beim Hochamt im Mailänder Dom. Da ging es zu wie in einem Taubenschlag! So fürchterlich viele Leute. Nein, da hatte man schier gar nichts von der heiligen Messe mitbekommen. Ein ständiges Kommen und Gehen verursachte unentwegt Lärm und erzeugte eine Unruhe. Das hatte Rosa gar nicht gefallen. Deshalb war sie auch nur ein einziges Mal, und das mit einer kleineren Mädchengruppe in Begleitung von Schwester Luzia, am Sonntagmorgen zur heiligen Messe im Dom von Mailand mitgekommen. Es war auch nicht nötig, für eine Messe in den Dom zu gehen, denn sie hatte ja die klostereigene Kapelle.

Zu den Messen an besonderen Festtagen hatten sich die Mädchen vor Betreten des Gotteshauses diese komischen Spitzentücher über den Kopf zu hängen. Geradezu lächerlich! Aber diese Forderung stellten die Schwestern an die Dienstmädchen, wenn auch nur zu den Festmessen. Und so saßen die Mädchen nebeneinander in den Kirchenbänken mit den Spitzentüchern, die ihnen vom Kopf herunterhingen, und taten zumindest so, als wären sie in Andacht versunken. Aber eine weitere Pflicht in Bezug auf den Glauben legten die Nonnen ihnen nicht auf, schon gar nicht drängten sie die Mädchen zum häufigen Kirchgang. Da waren die Forderungen zu Hause von den Eltern wesentlich strenger. Tagtäglich gehörte die Frühmesse zum Pflichttermin, selbst an den Sonntagen vor der Hauptmesse, und auch ansonsten war zu jedem erdenklichen Anlass, oft genug mehrmals am Tag, die Kirche zu besuchen. Bei den Nonnen hatten sie neben den Sonntagen ab und an für die Abendmesse in die Kapelle zu gehen. Wenngleich die Nonnen selbstverständlich ein genau festgelegtes, aufwendiges Gebetsritual befolgten, wovon aber die Mädchen ausgenommen blieben. Nein, viel beten mussten sie wirklich nicht bei den Klosterschwestern in Mailand. Auch kann sich Rosa nicht daran erinnern, dass sie je bedrängt worden wären, selbst ins Kloster einzutreten. Von dieser Seite hat es in keinster Weise eine Beeinflussung gegeben.

Was die Klosterschwestern ihnen aber schon angeboten haben, war ein Dienst in einer Außenstelle ihres Ordens. Davon gab es in Italien noch zwei Strukturen: das Kloster mit Hotel in Gardone am Gardasee und jenes, ebenso mit dazugehörigem Hotel, auf Capri. Rosa war nie auf Capri, aber zur Besichtigung der Klosteranlage nach Gardone ist sie mitgefahren. Dafür wurde ein Kleinbus organisiert. Der Hausmeister des Klosters setzte sich ans Steuer, und

Schwester Luzia saß mit der Mädchengruppe im Bus Richtung Gardasee, wo man ein paar Tage verbringen wollte. Die Sommersaison würde zuverlässig wieder beginnen, und da benötigten die Schwestern in ihren Häusern zur Bewirtung der Feriengäste jede Menge Personal. Wenn dieses bereits an den Arbeitsrhythmus und den Alltag im Kloster gewöhnt war, umso besser. Und für die Mädchen war es aufregend. Die Hotel- und Klosteranlage in Gardone lag direkt am See. Alles war noch nobler als es ohnehin schon in Mailand war. Auch Rosa wäre gerne für eine Dienststelle an den Gardasee gewechselt, so wie ihre Kameradin Emma es tat. Aber Rosa hatte die Erlaubnis dazu von ihrem Vater nicht erhalten. Er hatte ungeachtet dessen, was Rosa wünschte, weiterhin verlangt, dass „Rosl im Mai zurückkommt, denn da geht die Arbeit bei uns wieder los!". Noch ehe Rosa wieder nach St. Valentin gefahren ist, hatte sie noch sagen hören, dass die Schwester Oberin nach Capri beordert worden war, angeblich, weil die Einrichtung in der *via Panizza* aufgegeben werden sollte. Aber das hatte Rosa selbst nicht mehr mitbekommen.

Die Schwester Oberin hatte sie jedoch in guter Erinnerung behalten. Sie war den Mädchen gegenüber stets fair gewesen. So auch an jenem famosen Festtag, als sie erst wieder am Abend ins Kloster zurückgekommen waren. Wie sie, die Streikenden, das Kloster über den Haupteingang betraten, da hörten sie schon einschüchternde Worte von den anderen Ordensschwestern. So ein Benehmen gehe gar nicht! Die Schwester Oberin, zu der sie schnellstmöglich kommen sollten, werde ihnen schon die Leviten lesen! Aber als die Mädchen ihr die Sachlage dargelegt hatten, hatte die Schwester Oberin vollstes Verständnis für die Mädchen. Sie ließ daraufhin Schwester Pascalis kommen, um diese für deren unfaires Verhalten zu rügen, denn schließlich seien es ja vor allem die Mädchen gewesen, die hart gearbeitet hatten, um diesen Tag zu einem Festtag zu machen. Oder bei Schwester Floriana. Die Mädchen hatten ihre Aufpasserin schon manchmal arg geplagt. Mitunter war es so schlimm, dass Schwester Floriana wutentbrannt von der Villa *San Giuseppe* in den Nonnentrakt des Haupthauses lief, um sich bei der Schwester Oberin über das unmögliche Verhalten der Mädchen zu beschweren. Sie seien laut, würden tanzen und trampeln und sich nicht an die Abmachung halten, die Schlafzimmertüren stets unverriegelt zu lassen. Aber statt eines Rüfflers für die Mädchen gab's eine Rüge für die Nonne. Denn die Schwester Oberin hatte auch hier stets die Mädchen verteidigt und Schwester Floriana darauf hingewiesen, dass es genauso eine Unart sei, andere zu verpetzen.

Und jetzt zu Weihnachten hatte die Schwester Oberin veranlasst, dass die Mädchen große Geschenkpakete für zu Hause zusammenstellen konnten. Mit dieser freudigen Nachricht war nun Schwester Luzia zu den Mädchen geschickt worden. Die Mädchen werden von den Nonnen Geld bekommen, erzählte sie, damit diese ihren Lieben zu Hause mit allerlei Geschenken ein schönes Weihnachtsfest bereiten konnten. Ein kleiner Ersatz dafür, dass ihre Mädchen in der Ferne und zum Fest nicht zu Hause waren. Für die Mädchen begann damit eine sehr aufregende Vorbereitungszeit. Ein emsiges Treiben nahm seinen Lauf. Welche Geschenke sie für wen kaufen und in welche Geschäfte sie dafür gehen wollten, waren die Fragen, die die gesamte Vorweihnachtszeit beherrschten. Schließlich hatte auch Rosa sämtliche Geschenke beieinander, alles Dinge, die es zu Hause nicht zu kaufen gab. Für die Mutter hatte sie eine Handtasche im italienischen Design besorgt, der Vater bekam eine Flasche italienischen Brandwein, einen *Vecchia Romagna*, ihre Brüder bekamen gemeinsam ein Gesellschaftsspiel und ihrer Schwester kaufte Rosa einen Rollkragenpullover. Diese Pulloverart war zu jener Zeit modisch todschick, und im ganzen Obervinschgau war so ein Teil bestimmt nicht zu bekommen. Und selbstverständlich durfte der typische Mailänder Weihnachtskuchen, der *panettone*, in Rosas Weihnachtspaket für Zuhause nicht fehlen. Die Nonnen stellten entsprechende Kartone bereit, die die Mädchen mit den erworbenen Schätzen füllen konnten, und gaben acht, dass die Pakete ordnungsgemäß verschnürt und beschriftet wurden. Der Hausmeister packte alle Kartone in den Kleinbus, und die Nonnen verschickten alles mit der Post.

Später hatte Rosa erfahren, dass das Paket von der Mutter abgefangen und der *Tota* zur Aufbewahrung überlassen wurde. Pünktlich am Heiligabend kam diese ins Haus und überreichte feierlich das Paket mit den Worten: „Frohe Weihnachten von der Rosl aus Mailand!" Die ganze Familie, besonders die Geschwister waren überwältigt von den vielen Schätzen, die sich im Paket befanden. Noch Jahre später hatte Rosas Schwester geschwärmt, „das waren die schönsten Weihnachten in meiner ganzen Kindheit!". Geschenke aus einer anderen Welt, grad so, als wäre das Christkind selbst vorbeigekommen.

Aber auch die Mädchen waren von den Nonnen reich beschenkt worden am Heiligabend. Richtig viele Geschenke hatte eine jede von ihnen bekommen. Der große Saal im Haupthaus war festlich mit einem großen Weihnachtsbaum geschmückt und alle Tische waren weihnachtlich dekoriert. Für eine jede war ein halber Tisch voll Geschenke bereitgestellt: eine ganze Serie Handtücher, jede Menge Geschirrtücher, verschiedene Küchenschürzen, die nicht kaputtzukriegen waren und Rosa eine gefühlte Ewigkeit begleiten sollten, und selbstverständlich fand sich neben verschiedenen Süßigkeiten auch für jede ein *panettone* auf dem Gabentisch. Die Mädchen waren richtig begeistert. Als sei sie in einer Traumwelt, so kam es Rosa vor, wie sie vor ihrem regelrechten Berg an Geschenken saß, ihr Glück noch gar nicht fassen konnte und den Weihnachtsliedern, die aus einem Grammofon erklangen, lauschte. Und sie fühlte sich an diesem Weihnachtsabend, hier im großen Saal sitzend, ihren Idolen so ähnlich. *Grad so, wie die schönen Frauen an den Sonntagnachmittagen,* ging es Rosa durch den Kopf.

Jeden Sonntagnachmittag wartete sie aufgeregt auf das Eintreffen der feschen Südtirolerinnen, die regelmäßig hier in diesem etwa 100 Quadratmeter großen Saal zusammenkamen, um sich auszutauschen, Musik zu hören, zu singen, zu lachen und über ihre Dienstherren, mehr noch über die Herrinnen und deren Nachwuchs, zu schimpfen. Die einen hatten es gut getroffen und waren bei anständigen Leuten untergekommen, die anderen hatten nur zu lästern und zu zetern. Über die verzogene Brut, die zu hüten oft zur regelrechten Zerreißprobe werden konnte. Über die abartigen

Spleens und verrückten Forderungen der Chefinnen. Rosa liebte es, den Frauen zuzuhören, und freute sich schon auf deren Eintreffen bald nach dem Mittagessen. Einige hatten Schallplatten dabei. Früher oder später würde auch getanzt werden, wie an jedem Sonntagnachmittag. Im großen Saal standen das Grammofon und noch einige Schallplatten von den Vorgängerinnen. Für die Frauen hatten die Mädchen Gebäck, Kuchen und Kekse im großen Saal herzurichten, und auch Saft und Tee stellten sie dazu. An die 20 bis 30 Frauen sind jeden Sonntagnachmittag in die *via Panizza* gekommen. Nicht immer dieselben, aber alle waren sie schön zurechtgemacht. Richtig ausgehfein. Die Mädchen im Kloster durften, wenn sie wollten, auch im großen Saal bleiben. Sie, die *Panizza*-Mädchen, saßen geschlossen etwas abseits und waren einfach nur glücklich, wenn sie den Unterhaltungen lauschen und sich die Frauen ansehen durften. Rosa konnte sich nicht sattsehen, wie anmutig, wie schön und fesch sie hergerichtet waren. Nicht wie die Frauen in ihren Dörfern zu Hause, sondern richtige Stadtfräulein. Schöne Kleider, Stöckelschuhe, die Haare nicht mehr zur *Gretl*-Frisur gebunden, sondern sie trugen flotte Kurzhaarfrisuren. *So fesch, so schneidig! Und vor allem waren sie Frauen.* Rosa konnte sich dieses Gedankens nicht verwehren. Im Vergleich dazu waren sie, die *Panizza*-Mädchen, noch allesamt Kinder. Weshalb ihr der Anblick der feschen Südtiroler Dienstmädel, die richtige Frauen waren, erst recht Bewunderung entlockte. Aber jetzt wollte Rosa sich auf die interessanten Erzählungen der feschen Südtirolerinnen konzentrieren. Schließlich wartete sie schon neugierig auf die neuesten Erlebnisberichte.

„Glauben die, mit uns kann man alles machen? Von dem *Alto Adige* da oben, wie sie sagen?", hörte Rosa eine besonders laute Stimme aus dem Stimmengewirr heraus.

„Genau! Arbeit ohne Ende, keinen freien Tag, und das alles für wenig Geld!", pflichtete eine ebenso laute Stimme der ersten bei.

„Meine Chefin war ja selber ein einfaches Mädchen, das im Dorf aufgewachsen ist, und jetzt glaubt sie, sie kann mich schikanieren!"

„Meine auch! Das sind die Schlimmsten! Selber aus armen Verhältnissen und jetzt spielt sie sich auf, fühlt sich als ‚Bessere'!"

Sie sprachen einmal mehr über die Dienstherrinnen, eines der Lieblingsthemen der feschen Südtiroler Dienstmädel. Wenn es darum ging, über diese herzuziehen, ging der Gesprächsstoff nie aus. Was die *Panizza*-Mädchen da zu hören bekamen, ließ darauf schließen, dass es in den Arbeitsstellen oft schlimm zugegangen sein muss. Den Dienstboten hatte man häufig nur eine Abstellkammer als Unterkunft zur Verfügung gestellt, mitunter hatten diese Kammern nicht einmal ein Fenster. Nobel gewohnt haben bei Weitem nicht alle, obwohl es natürlich schon auch welche gegeben hat, die nur Gutes von ihren Dienststellen zu berichten hatten.

Aber interessanter war es natürlich, wenn über die Unguten und deren Nachwuchs hergezogen wurde. Zuerst verzogen sie ihre Kinder, dann sollten sie, die Kindermädchen, sich mit deren kompliziertem Getue herumschlagen, lästerten sie. Rosa konnte sich gut vorstellen, wie die schneidigen Frauen sich mit der Zeit immer mehr gegen eine schlechte Behandlung gewehrt haben, wenn die Bezahlung zu wenig und die Arbeit zu viel war oder, wenn man ihnen ihre Rechte nicht zuerkennen wollte. Bei ihren Gesprächen mit ihresgleichen in der *via Panizza* haben sie auch ihre diesbezüglichen Defizite auf den neuesten Stand gebracht und sind zunehmend selbstsicherer geworden.

„Wenn das so weitergeht, dann gehe ich!", hörte Rosa öfters mal eines der Dienstmädel sagen. Und die Frauen haben sich auch untereinander geholfen. Da wurde schon mal eine Stelle vermittelt, das hat es durchaus gegeben. Schwer war es für die Südtirolerinnen nicht, eine solche zu finden. Im Gegenteil, sie waren sehr begehrt. Auch das hat Rosa bald mitbekommen. Für ihren Fleiß, ihre Sauberkeit, ihre Demut, ihre Bescheidenheit wurden die Südtirolerinnen von ihren Arbeitgebern geschätzt. Und nicht nur von diesen. Auch bei den heiratswilligen italienischen Männern waren die feschen Südtirolerinnen gut angesehen. Die eine oder andere wird bestimmt ihre Erfahrungen in Liebesdingen gemacht haben, da war sich Rosa sicher. Auch wenn nicht explizit über ihre Bekanntschaften gesprochen wurde, so war doch immer mal wieder davon zu hören, dass eine der Südtirolerinnen ihren Dienst quittiert und einen Italiener geheiratet hat. Bei solchen Ausführungen konnte Rosa endlos lange zuhören und sich das Leben der einstigen Bauernmädchen, die sich über ihre Dienststellen zu richtigen Stadtfrauen gewandelt hatten, in den schönsten Farben ausmalen.

Rosa holt ihre Gedanken wieder zurück in die Gegenwart. Das Buch „Dienstmädel in Bella Italia" vor ihr auf dem Stubentisch hält sie noch in ihren Händen. Das Bild der Frau auf dem Buchcover hatte ihre Erinnerung an eine längst vergangene Zeit heraufbeschworen. An eine Zeit, die für Rosa einfach nur wunderbar gewesen ist. *Wir waren unbelastet, waren ohne Sorgen, hatten dieses Gefühl von Freiheit!* Mailand war für sie, die *Panizza*-Mädchen, eine andere Welt. Eine Welt, die so ganz anders als ihre Lebensrealität in den Dörfern zu Hause war. Noch einmal in diese Stadt reisen, noch einmal die breiten Prachtstraßen, die großen Kaufhäuser, die monumentalen Gebäude, die Palazzi sehen, die Luft einer urbanen Metropole einatmen, das wäre Rosa heute ein Herzensanliegen. Sie blickt auf, ihr Mund formt sich zu einem Lächeln und leise seufzt sie in sich hinein: „Hoffentlich kann ich meinen Wunsch bald in die Tat umsetzen."

Roma – bellissima!

Waltraud Perger Mitterer, Jahrgang 1949, Deutschnonsberg
1968–1970 Rom

Sie schwitzte Blut und Wasser. Dieses gierige Anstarren. Richtig unheimlich! *Was will der Mann von mir?* Nach fürchterlichen Schrecksekunden, als sie sich gewahr wurde, dass der im selben Zugabteil sitzende Mann ihren Körper mit seinen Augen regelrecht verschlang, hatte sie ihren Sitzplatz fluchtartig verlassen. Nun stand Waltraud im schmalen Waggongang, ihr Koffer neben ihr, und bemühte sich, ihren Blick stur aus dem Zugfenster auf die vorbeiziehende Landschaft zu richten. Aber sie sah nichts von der Schönheit des Latiums, nichts von der herrlichen Landschaft der Toskana. Sie hatte kein Auge für Florenz und keines für Bologna. Das Einzige, woran sie denken konnte, war: *Was will der von mir?* Auch wenn es ihr widerstrebte, so sahen ihre Augen doch immer wieder verstohlen in seine Richtung. Wie ein Zwang. Was sie sah, war immer dasselbe Bild: diesen Mann, unbeweglich auf seinen Platz sitzende, den starren Blick auf sie gerichtet. Intensiv, fast diabolisch. Blitzschnell wandte sie ihren Kopf wieder zum Zugfenster und ihm ihren Rücken zu. Sie spürte, wie es ihr die Schweißperlen auf die Stirn trieb. Wieso tat keiner was? Sahen die anderen diese gierigen, lüsternen Blicke, die der Mann auf sie, ein allein reisendes Mädchen, richtete, nicht?

Als sie am frühen Morgen in *Roma Termini* in den Zug nach Norden gestiegen war, hatte sie sich nur gefreut, dass sie einen freien Sitzplatz in einem der Abteile ergattert hatte. Auf die Passagiere, die in dem Abteil bereits saßen, hatte sie nicht geachtet. Wie zu erwarten, war der Zug rappelvoll. So kurz vor Weihnachten wollten viel zu viele aus der Stadt heraus und über die Feiertage in ihre Heimatorte zu ihren Herkunftsfamilien. So wie sie. Über die Weihnachtszeit hatte sie von ihren Arbeitgebern hier in Rom ein paar Tage frei bekommen. Es war klar, dass sie nach Laurein zu ihren Eltern und ihrer Schwester fahren würde. Eine lange Fahrt lag vor ihr. Eine sehr lange. Von Rom kam sie mit dem Zug über Florenz, Bologna und Verona hinauf nach Mezzocorona, etwa 15 Kilometer nördlich von Trient. Hier musste sie aussteigen, um mit der Trambahn hinauf nach Cles, dem Hauptort im Nonstal, zu gelangen. Und von da brachte sie ein Postauto in das kleine Trentiner Bergdorf Rumo, das sich 42 Kilometer nördlich von Trient befindet. Obwohl der Deutschnonsberg zu Südtirol gehört, war er über das Trentino am besten zu erreichen. Zumindest bis Rumo. Bis hierher fuhren öffentliche Verkehrsmittel auf einer geteerten Straße. Von Rumo ging es dann auf einem Schotterweg gewöhnlich nur mehr zu Fuß weiter bis zu ihrem Heimatdorf.

Zusammen mit der ebenfalls deutschsprachigen Nachbargemeinde Proveis ragt Laurein als Südtiroler Sporn in das ansonsten italienischsprachige und größtenteils zum Trentino gehörende Nonstal hinein. Das kleine Dorfzentrum von Laurein liegt im Süden des Gemeindegebiets auf 1150 Metern Höhe.

Waltraud hatte Grund zur Hoffnung, dass die Mutter einen der drei Dorfbewohner, die damals in Laurein einen eigenen Wagen besaßen, der Wirt, der Krämer und der Bürgermeister, gebeten hatte, sie mit dem Auto in Rumo abzuholen. Jetzt, da es Winter war, es schon so früh dunkel wurde und der Schnee in Deutschnonsberg bestimmt meterhoch lag. Aber oft genug war Waltraud die gut sechs Kilometer lange, staubige Strecke bis Laurein schon gelaufen. Mit dem schweren Koffer, den sie im letzten Sommer dabei hatte, hatte sie sogar ganze zwei Stunden gebraucht. So eine Schinderei! Die Sonne brannte unentwegt auf sie herab. Die Zunge klebte ihr am Gaumen und der Schweiß rann ihr gefühlt in Bächen den Rücken hinunter. Dass ihre Eltern es nicht für nötig gefunden hatten, ihr jemanden zum Abholen nach Rumo zu schicken, stieg wie Galle in ihr hoch. Schon genug, dass die Mutter und auch der Vater von ihr verlangten, dass sie über die Sommermonate ihre Arbeitsstelle verlassen und zum Arbeiten nach Hause zu kommen hatte. Nein, sie musste sich auch noch richtig plagen, bis sie endlich daheim war.

Natürlich waren alle auf den Feldern beschäftigt. Das war auch der Grund, warum Waltraud stets Ende Juni nach Hause kommen musste. Über die Sommermonate wurde ihre Arbeitskraft dringend benötigt. „Du bist die Ältere, du musst den Hof weiterbringen!", so die Eltern. Das war ihre Pflicht und ihre Bürde. Einen Bruder, der den Eltern zur Hand gehen und als Hoferbe hätte fungieren können, gab es keinen. Zu Hause waren sie nur zwei Mädchen. Sie, Waltraud, und die um zwei Jahre jüngere Schwester Rosa. Dass bei ihnen zu Hause nicht wie zu diesen Zeiten üblich eine ganze Kinderschar herumlief, lag daran, dass die Mutter erst spät geheiratet hatte. Nicht, weil Maria, Waltrauds Mutter, nicht gewollt hätte, sondern weil deren Mutter, Waltrauds Großmutter, ihr die Ehe schlicht verboten hatte. Und ein Eheverbot war damals selbstverständlich gleichbedeutend mit dem Verbot der Mutterschaft.

Maria war nicht das einzige Kind gewesen, aber das einzige, das durchgekommen war. Die anderen, eine Handvoll an der Zahl, hatte Marias Mutter meist noch im Säuglingsalter zu Grabe tragen müssen. Das hatte sie verbittert. Und nun wollte oder konnte sie Kindergeschrei am Hof nicht mehr ertragen. Maria hatte sich dem Diktat der Mutter zu beugen. Sie war die einzige überlebende Tochter und damit gleichzeitig die Erbin des Hofes. Dass sie zu Hause blieb, um den Fortgang des Hofes zu sichern, verstand sich von selbst. Als die Mutter schließlich verstarb, war Maria schon über 40 Jahre alt. Ihre besten Jahre für die Familienplanung waren längst vorüber. Genauso wie praktisch keine ledigen Männer ihres Geburtsjahrs, sie war 1907 geboren, mehr zu finden waren. Aber der Zweite Weltkrieg hatte die Heiratsabsichten der jüngeren Männer für viele Jahre brach gelegt. Erst recht, wenn sie nach dem Krieg auch noch in Gefangenschaft geraten waren. So fand auch Maria ihren Ehemann Jakob, der dann Waltrauds Vater wurde. Als er nach den Jahren an der Front und drei Jahren Kriegsgefangenschaft 1948 wieder auf seinen Heimathof nach Laurein zurückkehrte, war er 28 Jahre alt. Bei ihm zu Hause waren sie acht Kinder gewesen. Er war nicht der Älteste und somit auch nicht der Hoferbe. Jeder musste zusehen, dass er irgendwo unterkam. Zu Hause dem älteren Bruder, der den

Hof bekommen hatte, auf der Tasche zu liegen, stand außer Frage. Da kam es Jakob nicht ungelegen, dass Maria noch ledig, heiratswillig und Erbin eines, wenn auch bescheidenen Hofes war. Die 13 Jahre Altersunterschied störten dann nicht weiter. Wichtiger war die wirtschaftliche Absicherung.

Mit der Heirat durfte auch an die Familiengründung gedacht werden. Dass Maria in ihrem fortgeschrittenen Gebäralter überhaupt noch Kinder zur Welt bringen konnte, grenzte zum damaligen Zeitpunkt fast an ein Wunder. Eines, das mit der Geburt der beiden Töchter tatsächlich eintraf. Mit dem Familienzuwachs schien der Fortbestand des Höfleins nun gesichert. Sie waren Selbstversorger. Alles, was man zum Leben brauchte, wurde selbst erwirtschaftet: Getreide, Eier, Butter. Was man allerdings benötigte, waren Arbeitskräfte. Maschinen gab es damals so gut wie keine. Jeder Arbeitsgang musste händisch bewältigt werden. Das Melken der wenigen Kühe im Stall, das Mähen der Wiesen, um Futter für das Vieh zu haben, das Bestellen der Äcker für Kartoffel, Roggen und Rüben, das Holzhacken, um im Winter nicht zu erfrieren.

Das Leben war hart und arbeitsreich. Und man lebte bei ihnen äußerst abgeschieden von der Außenwelt. Von Südtirol her kam man nur über die Gebirgspässe Mendel im Unterland und Gampen im Etschtal auf ungeteerten Wegen herauf nach Laurein, Proveis und Unsere Liebe Frau im Walde, die dritte Gemeinde am Deutschnonsberg. Seit je her bestand eine engere Verbindung dieser drei deutschsprachigen Südtiroler Gemeinden zum Trentino. Einfach, weil der Weg nach Rumo und Cles weniger mühsam war. Waltrauds Mutter war ihre ganze Jugend hindurch sogar einmal in der Woche noch zu Fuß auf den Markt in das fast 18 Kilometer entfernte Cles gegangen. Damals fuhr dorthin noch kein Autobus, und der Wochenmarkt in Cles war der einzige Kontakt, den die Laureiner zur Außenwelt hatten. Aber weiter wie bis Cles war Maria, Waltrauds Mutter, nie gekommen. Sie lebte in Laurein von ihrer Geburt bis zu ihrem Tode, der sie im Alter von 90 Jahren ereilen sollte. Sie hatte einen Laureiner geheiratet und ihre beiden Töchter am Hof in Laurein zur Welt gebracht. Dass es ihre Kinder einmal „besser" haben sollten, dieser Gedanken war nie in das Bewusstsein der Eltern vorgedrungen. Was zählte, war, dass die Bewirtschaftung des Heimathofes gesichert war. Und diese absolute Priorität wurde den Mädchen gewissermaßen mit der Muttermilch eingegeben. Von klein auf hatten sie am Hof mitzuhelfen, hatten sie tatkräftig ihren Beitrag zu leisten. Überall dort, wo es ihr Alter erlaubte, wurden sie eingesetzt. Mit 14 Jahren beherrschte Waltraud schon das Mähen der Wiesen mit der Sense. Eine schweißtreibende, harte Arbeit. Aber sie musste getan werden. Der Vater hätte es alleine nicht geschafft, und Bruder gab es ja keinen.

Rosa hatte wohl auch von klein auf am Heimathof zu helfen, aber die Last, den Fortbestand des Höfleins zu sichern, lag auf Waltrauds Schultern. Ihre Schwester durfte nach den acht Jahren Volksschule noch für drei Jahre in die Mittelschule nach Bozen und anschließend sogar noch die Handelsschule besuchen. Sie hat eine Ausbildung bekommen. Nicht so Waltraud. Für die Hofübernahme sollten acht Jahre Volksschule reichen. Wenn man es genau nahm, dann kam sie nicht mal auf acht Jahre.

In der Laureiner Fraktion Tonna, wo Waltrauds Elternhaus stand, waren nur wenige Kinder. In ihrem Jahrgang war Waltraud gar die Einzige. Ihre Erstkommunion durfte sie deshalb in Ermangelung weiterer Erstkommunikanten erst feiern, als sie schon in der vierten Klasse war, gemeinsam mit ihrer jüngeren Schwester. In deren Jahrgang gab es zwei Kinder in Tonna. Mit Waltraud zusammen waren sie wenigstens zu dritt gewesen. Weil sie so wenige waren, war es auch unrentabel, eine eigene Lehrperson für die geringe Schülerzahl in der Volksschule in Tonna zu beschäftigen. Weshalb die Volksschulklassen von Tonna und Proveis sich einen Lehrer teilen mussten. Eine Woche hatten die Kinder in Proveis Unterricht, eine Woche jene in Tonna. Das ging ganze drei Jahre so. Mit der Folge, dass sich auf diese Weise die Unterrichtszeit halbierte. Genaugenommen kam Waltraud dann nicht mehr auf acht Jahre Volksschule, sondern lediglich auf sechseinhalb.

Aber nicht die Überzeugung, man habe sie um die Schulbildung betrogen, trieb Waltraud nach Bozen in die Haushaltungsschule, sondern ihr großer Wunsch, der Enge und Abgeschiedenheit ihres Heimatdorfes zu entfliehen. Als sie im Juni 1963 ausgeschult wurde, standen der Sommer wie die Hauptarbeit am Hof in den Startlöchern, sodass Waltraud zunächst tüchtig mitanzupacken hatte. Von Ende Juni bis in den September hinein war ihr Platz in Laurein. So verlangte es die Tradition. Waltraud hatte sich zu fügen. Den Sommer über. In den kälteren Monaten, wenn die Felder abgeerntet, die Wiesen gemäht und das Brennholz gestapelt waren, kamen die Eltern gut alleine zurecht bei der Versorgung der wenigen Kühe und Kälber und der paar Hühner im Stall. Expandiert hatte der Vater erst später, als er mit der Rente erstmals monatlich Geld auf sein Konto bekam. Jede Wiese, die er kriegen konnte, hatte er jenen, die den Deutschnonsberg verlassen haben, abgekauft und seinen Viehbestand aufgestockt. Bald hatten sie zehn Melkkühe im Stall! Längst konnte da keine Rede mehr sein von einem bescheidenen Höflein. Waltraud war zu dem Zeitpunkt der kontinuierlichen Hofvergrößerung schon zehn Jahre verheiratet, Mutter von vier Kindern und hatte ihren Hauptwohnsitz längst in einer hübschen Gemeinde am Talboden des Etschtals. Aber den Sommer musste sie zum Mithelfen nach wie vor in Laurein verbringen. Auch ihr Ehemann hatte mitzuhelfen. Dass der Vater sich nicht nur Wiesen und Kühe, sondern auch richtig viel Arbeit dazugekauft hatte, hat er völlig alleine entschieden. Für Waltraud galt nur das Gebot, die Hofbewirtschaftung zu sichern. Mitspracherecht hatte sie keines. Als erwachsene, verheiratete Frau nicht und erst recht nicht mit 14 Jahren, als sie die Schulpflicht beendet hatte.

Wie der Sommer vorüber war und eine dritte Arbeitskraft nicht mehr gebraucht wurde, sollte Waltraud zusehen, dass sie anderswo etwas dazuverdienen konnte. Und so suchte sie im Herbst Beschäftigung bei den Weinbauern im Überetsch. Beim *Wimmen* wurden immer viele Frauenhände benötigt. Unter den *Pergeln* ging es lustig zu. Zum Mittagessen wurde mitten im Weinberg ein Feuer entfacht, um darauf in einem Topf Würste zu sieden, die sodann genüsslich von den *Wimmerinnen* verspeist wurden. Zur Kost und Unterkunft hatte man beim *Wimmen* eine Kleinigkeit verdient, aber etwas Richtiges ist das nie gewesen. Und so war diese Arbeit für Waltraud nur eine vorübergehende, auch weil sie zeitlich befristet war.

Nach einem weiteren Jahr zwischen Arbeit auf dem Heimathof und dem *Wimmen* im Überetsch hat sich Waltraud schließlich entschlossen, den Rat von Zita, einer Bekannten aus der Nachbargemeinde, zu befolgen. Diese hatte ihr von der Landeshauptstadt erzählt, davon, dass es dort für Bergmädel, wie sie eines war, eine zweijährige Haushaltungsschule gab. Dort könne man allerhand über Hauswirtschaft lernen. Kochen wurde unterrichtet, Stricken, Häkeln und Nähen, auch Säuglingspflege sei dabei. Alles, was man als Hausfrau und Mutter gut werde gebrauchen können. Waltraud überlegte. Sie war schon sehr fasziniert von der Vorstellung, aus Laurein wegzukommen. Vom Schulkalender her würde es auch passen, da sie die Sommermonate ja schulfrei hatte und am Hof werde helfen können. Die Forderung, die sie von zu Hause gestellt bekam. Einzig, ob sie sich die Schule leisten könne, blieb als letztes Fragezeichen. Aber auch hier konnte Zita Entwarnung geben. Während Waltraud die Haushaltungsschule, deren Unterricht stets am Nachmittag stattfand, besuchte, würde sie bei einer Familie wohnen, bei der sie gleichzeitig im Haushalt mitzuhelfen hatte. Einen Lohn werde sie zwar nicht bekommen, aber für Kost, Logis und die Unterrichtsmaterialien, wie Bücher, Hefte, Stoffe, Wolle und Nähgarn, werde die Dienstfamilie aufkommen. Da Waltrauds Eltern im Wesentlichen nur daran interessiert waren, dass die Tochter für die Arbeit über den Sommer disponibel war, hatten sie nichts gegen Waltrauds Schulpläne. Zumal sie verpflegt wurde und auch der Schulbesuch den Eltern nichts kostete.

Wie sich Waltraud im Herbst 1965 an der Schule eingeschrieben hatte, wurde sie auch schon einer Dienstfamilie zugeteilt. In Bozen war es damals durchaus üblich, dass Familien, die Hilfe im Haushalt und bei den Kindern benötigten, bei der Haushaltungsschule vorstellig wurden. Waltraud wurde der Familie Torggler zugewiesen. Eine sympathische Familie mit drei Mädchen. Scherzhaft hatten sie es immer „Dreimäderlhaus" genannt. Reinhild und Renate wurden von Waltraud am Morgen in den Kindergarten gebracht. Monika war noch zu klein dafür. Aber sie war selbstverständlich im Kinderwagen auf dem Hinweg und dann auch wieder beim Abholen auf dem Rückweg mit von der Partie.

Monika war erst dabei, sprechen zu lernen, und Waltrauds Vornamen stellte für sie rein aussprachetechnisch eine Hürde dar. Also entschied sie sich für eine wesentlich einfachere phonetische Aussprache, die sodann schlicht „Wauwa" lautete. Waltraud war bald auch bei Reinhild und Renate immer mal wieder nur die „Wauwa". In der Wohnung der Torggler hatte Waltraud ein eigenes Zimmer, aber mit den Mädchen, besonders mit der Kleinsten, verbrachte Waltraud viel Zeit: wickeln, baden, anziehen, füttern. Aber sie hatte sich auch um die beiden größeren Mädchen zu kümmern und Frau Torggler zur Hand zu gehen. Beim Aufräumen und Putzen der Wohnung oder beim Einkaufen und Kochen. Mit Frau Torggler ging Waltraud auch jeden Morgen in die Frühmesse in die Pfarrkirche von Gries. Jeden Tag wurde die Messe um 7 Uhr gelesen. Die enge Bindung zur Kirche war Waltraud von zu Hause gewohnt. So war sie aufgewachsen.

Mit der Frühmesse wurde auch in Bozen der Tag begonnen. Dann gingen die beiden Frauen nach Hause, um das Frühstück vorzubereiten. Anschließend wurden die Mädchen hergerichtet und in den Kindergarten gebracht. Der Tag war genau strukturiert. Und am Nachmittag saß Waltraud in der Rauschertorgasse, wo sich die Haushaltungsschule befand, und drückte die Schulbank.

Bald hatte sie neue Freundinnen gefunden: Tresl aus Völs, Ally und Herta aus dem Vinschgau. Ally, eigentlich Alberta, und Herta waren Schwestern. Zusammen mit Wally, wie sie von den Freundinnen genannt wurde, waren sie das unzertrennliche Vierklee. Die Mädchen waren wie Waltraud bei einer Familie zur Mithilfe im Haushalt untergebracht. Nach Hause fuhr Tresl, die mit vollem Namen Theresa hieß, unterm Schuljahr noch am öftesten. Zwischen Bozen und Völs ist zwar eine kurvenreiche Bergstraße zu überwinden, aber ansonsten keine allzu weite Distanz. Autobusse verkehrten auf dieser Strecke schon damals regelmäßig. Die Verbindung in den Vinschgau war zwar nicht ganz so gut, aber kein Vergleich mit den Strapazen, die Waltraud auf sich nehmen musste, wollte sie mal von Bozen nach Laurein gelangen. Was keineswegs jedes Wochenende vorkam. Aber zu Allerheiligen, zu Weihnachten und über Ostern, wenn schulfrei war, machte sich auch Waltraud für ein paar Tage auf den langen Weg. Für die Fahrt über Mezzocorona und Cles nach Rumo und ab da meist nur zu Fuß über die staubige Schotterstraße nach Hause war sie einen ganzen Tag unterwegs.

Laurein erschien Waltraud jetzt, wo sie die Stadt kennengelernt hatte, noch menschenleerer als es ohnehin stets gewesen ist. Aber das lag nicht nur daran, weil in Bozen mehr Menschen leben. *Wenn im Sommer die Arbeit getan ist, gibt es hier heroben nichts mehr zu tun für uns Junge*, kam es Waltraud in den Sinn, wie sie sich gewahr wurde, dass sämtliche Jugendliche zusahen, das Dorf zu verlassen. Entweder gingen sie auf einen Dienst oder sie setzten ihre Schulbildung fort. So wie sie. Waltraud. Nach den acht Volksschuljahren und weiteren zwei Jahren zu Hause erneut die Schulbank zu drücken, war ihre beste Entscheidung gewesen. *Nur fort aus der Einsamkeit und dem ständig gleichen Trott*!

Als Waltraud im Juni 1967 die zweijährige Haushaltungsschule abgeschlossen hatte, da musste sie auch ihre Dienstfamilie verlassen. Es fiel ihr schwer. Reinhild, Renate und Monika waren ihr ans Herz gewachsen. Und Frau Torggler war immer so fürsorglich gewesen. Waltraud hatte das Gefühl, wie eine Tochter behandelt worden zu sein. Erst als Frau Torggler ihr versicherte, dass sie gerne jederzeit auf einen Besuch vorbeischauen könne, war Waltraud einigermaßen besänftigt. Zunächst musste sie ohnehin bis September zurück nach Hause. Ihre Eltern rechneten mit ihrer Arbeitskraft. Zwiebel, Karotten, Rohnen mussten geerntet, die Kartoffel vom Acker eingesammelt, der *Kobis* vom Feld geholt, klein gehobelt, zerstampft und milchsauer zu Sauerkraut vergoren werden. Roggen, Gerste, Hafer, Weizen mussten gemäht und eingefahren werden. Der Vater betrieb auf dem Hof eine eigene Mühle, sodass das Korn zu Mehl gemahlen werden konnte. Und Brot musste in ausreichenden Mengen gebacken werden. Das Gras musste gemäht und für den Winter eingefahren werden. Das Melken der

Kühe gehörte zur Routine am Bauernhof, genauso wie die Verarbeitung der Milch zu Butter und Käse. Das war richtig viel Arbeit! *Wovon man Schwielen an den Händen bekommt*, nachdenklich betrachtete Waltraud ihre Hände. Es wurde Zeit, dass sie wieder einer Arbeit nachgehen durfte, bei der man nicht so dermaßen geschunden wurde. Bald würde sie nach Meran fahren, wo sie ab Oktober bei einer italienischsprachigen Familie eine Stelle im Haushalt annehmen wollte.

Im Unterschied zu ihren Freundinnen hatte sie nie Probleme mit dem Italienischen. Das mochte sicher den geografischen Gegebenheiten ihres Heimatdorfes geschuldet sein. Sie haben zu Hause wohl alle immer nur deutsch gesprochen, aber die enge Verbindung zum Trentino hatte natürlich ihre Spuren hinterlassen. Bei der Familie in Meran konnte Waltraud ihre Italienischkenntnisse weiter festigen. Und sie machte vom Angebot Gebrauch, öfters mal bei der Familie Torggler vorbeizuschauen.

„Wauwa!", kreischte die Jüngste, wie sie das ehemalige Kindermädchen an der Wohnungstür erblickte. Monika wäre längst in der Lage gewesen, Waltrauds Vornamen korrekt auszusprechen, aber der selbst kreierte Kosenamen war eine liebgewordene Gewohnheit geworden.

„Die drei Mäderl vermissen dich", gestand Frau Torggler, während sie Waltraud am Küchentisch sitzend ein Glas Holundersaft hinstellte, vertraulich ihren Arm berührte und nachfragte, ob sie schon Pläne habe für den kommenden Herbst. Frau Torggler war mit Waltrauds Lebenssituation, was ihre Arbeit im Sommer betraf, bestens vertraut. Sie wusste auch, dass es Waltraud hinaus in die Welt zog und dass sie in Meran bei ihrem derzeitigen Arbeitsplatz nur bis Ende Juni beschäftigt war.

„Wie würde dir Rom gefallen?", fragte sie unvermittelt und erkannte ein Aufblitzen in Waltrauds Augen.

„Rom? Zum Arbeiten?", ließ Waltraud ungläubig verlauten und drängte Frau Torggler, mehr Details preiszugeben. Und so erzählte diese von ihrer guten Freundin Henny, ebenso Sängerin wie sie selbst, mit der sie im Kammerchor „Leonhard Lechner" sang. Henny war mit Franz von Walther verheiratet, der als Redakteur beim Rundfunk, dem *RAI*-Sender Bozen, beschäftigt war.

Seit 1945 durften Radiosendungen von Bozen aus in deutscher Sprache gesendet werden. Als der Druck der öffentlichen Meinung und der Politik, die seit etwa einem Jahrzehnt den freien Empfang österreichsicher, deutscher und schweizerischer TV-Sender forderten und dieses Recht als grundlegend für den Schutz der lokalen Kultur ansahen, immer größer wurde, beschloss die *RAI* 1966 auf Anweisung der italienischen Regierung, ein deutschsprachiges Fernsehprogramm für Südtirol einzurichten. Die Ausstrahlung dieses TV-Programms war technisch vorerst nur von der *RAI*-Zentrale in Rom aus möglich. Sehr kurzfristig und praktisch ohne Vorbereitung wurde ein Teil des Personals der *RAI*-Bozen nach Rom in die TV-Produktionszentrale in der *via Teulada* geschickt, um die Arbeitsgruppe für das deutsche Programm zu bilden. Neben Franz von Walther wurden Fritz Scrinzi als Leiter für die Redaktion und als Nachrichtensprecher Aldo Parmeggiani und Uwe Landinser nach Rom versetzt. Unterstützt wurde die Männergruppe von Lore Demar für die Programmabteilung und den beiden *Signorine buonasera*, den Programmansagerinnen Gertrud Mair und Peppi Franzelin. Mit der Ausstrahlung der ersten Ausgabe der „Tagesschau" von Rom aus wurde am 7. Februar 1966 in der Südtiroler Medienwelt ein neues Kapitel aufgeschlagen. Dieser Tag brachte den Startschuss für das deutsche Fernsehprogramm, damals noch Sender-Bozen-*RAI*, heute *RAI*-Südtirol, im italienischen Rundfunk. 1979 wurde der Umzug nach Bozen ermöglicht. Bis auf die „Tagesschau", die bis Anfang der Neunzigerjahre weiterhin von Rom aus gesendet wird, erfolgte von da an die Ausstrahlung der deutschsprachigen Sendungen vom Rundfunkhaus in Bozen.

Franz von Walther, zunächst Chef vom Dienst, dann Vizechefredakteur und später Chefredakteur für die deutsche „Tagesschau", schließlich, von 1975 bis 1998, der erste Koordinator im *RAI*-Sender Bozen, war vom Beginn der TV-Ausstrahlung in Rom mit dabei. Trotz des Misstrauens, das ihnen besonders in der Anfangszeit von einigen italienische *RAI*-Kollegen entgegenschlug – man brachte die Südtiroler Arbeitsgruppe vorschnell mit der heiklen Situation rund um den heftigen politischen Kampf um die Südtirolautonomie in Verbindung – begann man die Ärmel hochzukrempeln.

Aber auch in Südtirol waren längst nicht alle Stimmen hocherfreut über die Einrichtung eines deutschen TV-Senders von Rom aus. Von der *„walschen RAI"* war da die Rede, von Unterwanderung und davon, dass die Italiener diese Gelegenheit benutzen würden, um Inhalte zugunsten von Italien zu manipulieren. Aber von Walther und Scrinzi waren von der Sache mehr als überzeugt. Hier bot sich die Möglichkeit, einen deutschen TV-Sender für Südtirol aufzubauen und zu etablieren. Diese Chance wollten sie ergreifen. Wenngleich Bischof Joseph Gargitter als einziger der Südtiroler Prominenten seine Unterstützung bei der Eröffnung der Sendungen durch ein Grußwort bekundete, so waren doch einige hochkarätige politische Funktionäre, darunter Landeshauptmann Silvius Magnago, dem Vorhaben zumindest nicht abgeneigt.

Anfangs arbeitete Franz von Walther noch im Außendienst in Rom. Zwei Jahre pendelte er von Bozen, wo seine Frau Henny mit den Zwillingen Anton und Franziska lebte, an seinen Arbeitsplatz ins 650 Kilometer entfernte Rom. Schließlich beschloss er, seine Familie nachzuholen. Von seiner Schwester, die in Rom mit einem Diplomaten verheiratet war, borgte er sich ihren *Cinquecento*, um damit die Gegend um die *RAI*-Zentrale nach einer geeigneten Wohnung für sich und seine Familie abzusuchen. Am *Monte Mario*, unweit der *via Teulada*, wurde er fündig. Und schon Ende Januar 1968 bezogen sie gemeinsam die herrschaftliche Terrassenwohnung in der *via Platone* 15. Als Henny von Walther bereits wenig später, im März 1968, in einer Klinik in Rom eine weitere gesunde Tochter zur Welt brachte, war man sich schnell einig, dass man ein Kindermädchen brauchte.

„Henny würde für ihre drei Kinder gerne ein Mädchen aus der Haushaltungsschule nehmen", führte Frau Torggler ihre Ausführungen fort. Der Arbeitsplatz ihres Mannes in Rom lasse diese Lösung aber nicht zu. „Sie brauchen ein Mädchen, das bereit ist, mit ihnen nach Rom zu kommen", erklärte Frau Torggler und hob die gute Erfahrung hervor, die sie selbst mit Waltraud gemacht hatte. Sie würde sie

Henny wärmstens empfehlen. Vorausgesetzt, Waltraud wäre damit einverstanden.

„Ich muss aber im Sommer zu Hause sein", war der einzige, immer gleiche Einwand, den Waltraud zerknirscht hervorbrachte. Nach Rom. In die Hauptstadt von Italien. *Dieses Angebot klingt wie eine Verheißung*, dachte Waltraud, aber für sie selbst werde sich dieses große Abenteuer als einer dieser frommen Wünsche entpuppen, die nie in Erfüllung gehen. Die Bürde, den Hof weiterzubringen, ihre Eltern nicht im Stich zu lassen, wog schwer auf Waltrauds Schultern. Aber ihre Sorge erwies sich in diesem Fall als unbegründet, da die Familie von Walther ebenso den Sommer nicht im brütend heißen Rom verbrachte, sondern in der Sommerfrische in Oberbozen auf dem Ritten, einem Berg bei Bozen. Dort besaßen sie ein Haus, und dort gäbe es dann genügend Familienmitglieder, die Henny von Walther bei den Zwillingen Anton und Franziska und der kleinen Sabina zur Hand gingen. Man könne auf Waltraud daher bis zum September verzichten.

Die Aussicht, bald nach Rom zu kommen, hatte Waltraud den ganzen Sommer bei der schweißtreibenden Schufterei am Hof und auf den Äckern und Feldern motiviert. Sie kannte zwar ihre neuen Arbeitgeber noch nicht, aber das störte Waltraud nicht weiter. Frau Torggler war zuverlässig. Ihr vertraute sie, und diese hatte versichert, dass sie mit den von Walther bereits alles geregelt hatte. Sie hatten zugesagt, Waltraud mit dem Auto in der Fraktion Tonna in Laurein abzuholen. Und so war es gekommen.

Am vereinbarten Septembermorgen 1968 stand der VW-Käfer der Familie von Walther in Tonna vor dem Hof von Waltrauds Eltern. Viel Zeit für einen langen Abschied war nicht nötig, denn zu Hause hatte niemand der Tatsache, dass Waltraud nach Rom aufbrechen wird, besondere Beachtung geschenkt. Die große Arbeit am Hof und auf den Feldern war getan, da war es nur recht und billig, dass die Tochter, die zu Hause vor dem nächsten Sommer nicht mehr gebraucht wurde, sich anderenorts etwas dazuverdiente. Wo sie das machte, war nicht weiter wichtig.

Franz von Walther saß am Steuer, Henny am Beifahrersitz und auf der Rückbank saßen die Zwillinge Anton und Franziska neben Waltraud, die die wenige Monate alte Sabina in ihrem Arm hielt. Die ganze Fahrt über. Von Laurein bis hinunter nach Rom! Sich zu beklagen wäre Waltraud nie in den Sinn gekommen. Sie fand ihr Leben gerade über alle Maße aufregend! Mit dieser Familie wurde ihr die Möglichkeit geboten, weit fort von ihrem Heimatort zu kommen. Dafür hätte sie noch viel mehr erduldet, als einen Säugling auf der nahezu zwölfstündigen Fahrt im Arm zu halten. Es war eng und heiß im Wagen, aber sie kamen gut voran. Nach etwa eineinhalb Stunden hatten sie die kurvenreiche Bergstraße hinter sich und erreichten Mezzocorona. Waltraud war in großer Erwartung, endlich würde sie nicht den Weg nach Norden in Richtung Bozen einschlagen, sondern zum ersten Mal in ihrem Leben ging es nun in den Süden. Sie fuhren auf der Landstraße, der Verkehr war mäßig. Eine gute dreiviertel Stunde später passierten sie Trient, die Hauptstadt des Trentino. Während der Fahrt auf der Staatsstraße weiter in den Süden erzählte Herr von Walther von der Brennerautobahn, dieser mehrspurigen Fernverkehrsstraße, an der man seit 1964 baute und die den Brenner mit Modena verbinden soll. „Bald wird der Abschnitt von Bozen nach Trient befahrbar sein. Die Eröffnung ist nach nur vier Jahren Bauzeit für heuer im Dezember geplant", erzählte Franz von Walther nicht ohne Stolz über eine solch große Bauleistung, die die Fahrzeiten zwischen Bozen und Modena um mehrere Stunden verkürzen wird. Aber Waltraud hörte nur mit halbem Ohr zu. Sie interessierte weder der Bau des Abschnitts von Bozen nach Trient noch jener von Trient nach Verona oder von Verona nach Modena. In einem Pkw hatte sie bisher nur die Strecke von Rumo nach Laurein gesessen, sofern sich die Mutter ihrer erbarmt und einen Nachbarn ums Abholen oder Bringen angebettelt hatte. Diese Autofahrt hatte ihren zweistündigen Fußmarsch auf kurze 15 Minuten verkürzt. Das schien Waltraud schnell genug. Welchen Sinn es haben sollte, eine sogar mehrspurige Straße zu bauen, auf der es noch schneller möglich sein sollte, von einem Ort zum anderen zu gelangen, als es mit dem Privatauto ohnehin schon auf den gewöhnlichen Staatsstraßen der Fall war, erschloss sich Waltraud nicht. Ihr ging die Fahrt auf der Staatsstraße, der *SS 12*, im Pkw verglichen mit den öffentlichen Verbindungen schnell genug, auch wenn sie eingequetscht mit einem Säugling bepackt auf der Rückbank saß.

Wann immer es ihr Sabina erlaubte, weil diese gerade selbst am Dösen war, richtete Waltraud ihren Blick aus dem Fenster und war fasziniert von dieser immer ebener werdenden Landschaft. Als sie Verona erreichten, konnte sie nicht einmal mehr einen Hügel erblicken, so sehr sich Waltraud auch bemühte. Alles um sie herum war eine weite Ebene. Und die Straße, auf der sie unterwegs waren, war eine einzige Gerade. Ab und zu durchfuhren sie kleinere Ortschaften, aber die meiste Zeit sah Waltraud nur auf endlos erscheinende Wiesen und Felder. Über viele zig Kilometer. „In Modena werden wir auf die Autobahn auffahren", durchbrach Franz von Walther das Schweigen im Wagen. Jeder schien seinen Gedanken nachzuhängen. Die drei Jahre alten Zwillinge befanden sich aufgrund der monotonen Fahrgeräusche, gepaart mit der Wärme, die sich im Wagen aufgestaut hatte, fast durchwegs in einem Dämmerzustand. Kurz vor der Autobahn in Modena hielten sie noch an einer Tankstelle zum Auftanken und zum Füßevertreten. Henny von Walther reichte mit Saft befüllte Becher und belegte Brote, während Waltraud das Wickeln von Sabina übernahm. Nach der kurzen Rast war man auch schon wieder startklar. Sie fuhren auf die A1, die *Autostrada del Sole*, auf. Jene Autobahn, deren Bau 1959 begonnen wurde und bereits seit 1964 ohne Unterbrechung von Mailand bis Neapel befahrbar war. Das deutlich höhere Fahrttempo, das auf der Autobahn erlaubt war, ließ nun die weiten Ebenen erheblich schneller an ihnen vorbeiziehen. Bis Bologna. Ab da wurde die Landschaft zunehmend hügeliger, ja regelrecht gebirgig, und die Autobahn verschwand über lange Strecken direkt in den Bergen. Als sie gerade wieder einen der unzähligen Tunnels durchfuhren, erklärte Franz von Walther, dass die Trasse zwischen Bologna und Florenz quer durch den Apennin führte, weshalb auf dieser Strecke besonders viele Tunnels gebaut worden sind. Waltraud sah fasziniert aus dem Fenster auf die dicht mit Laubbäumen bewachsenen Berge. Sie waren nun schon so viele Stunden unterwegs. Aber ihr schien nichts zu mühsam oder zu anstrengend.

Während der Autofahrt hatte sie ein paar Gesprächsfetzen zwischen den Eheleuten aufgeschnappt und gehört, dass ein Zwischenstopp vor Rom eingeplant war. „Auf der Autobahn schaffen wir es nach *Chianciano Terme* in eineinhalb Stunden", hörte sie Franz von Walther, wie sie Florenz passierten. Da sein Vater und seine Mutter gerade auf Kur in *Chianciano* weilten, das für sein Thermalquellwasser und für seine Schlammbäder bekannt war, wollte er seinen Eltern einen Besuch abstatten, wenn er auf dem Weg nach Rom quasi unmittelbar daran vorbeifuhr. Auch die Enkelkinder würden sich auf die Großeltern freuen. Es wurde ein gemütlicher Nachmittag in der Hotelanlage. Sie waren bereits an die zehn Fahrtstunden unterwegs gewesen, da tat es gut, sich etwas bewegen zu dürfen. Wie Waltraud, Toni an der rechten Hand und Franziska auf dem linken Arm haltend, ihren Blick von der Hotelanlage über die liebliche, leicht hügelige Landschaft um *Chianciano* mit den vielen Rebanlagen und Olivenhainen schweifen lässt, fühlte sie sich irgendwie befreit. Die Sonne versank langsam am Horizont, aber in ihrem Innersten schien sie gerade aufzugehen. Beschwingt nahm sie die Zwillinge auf den Arm und ging zurück zum Hotel, wo man im Restaurant schon mit dem Abendessen, das man gemeinsam mit Herr und Frau von Walther Senior einnahm, auf sie wartete. Dann saßen sie schon wieder im vollgepackten VW-Käfer und waren bereit für die letzte Etappe. Nach einer weiteren zweistündigen Fahrt erreichten sie die Stadttore von Rom.

Es war längst dunkel geworden, und Sabina schlief in Waltrauds Armen tief und fest. Aber Waltraud, wenngleich sie müde von der langen, strapaziösen Fahrt war, wollte an

Schlaf noch nicht denken. Mit weit aufgerissenen Augen sah sie aus dem Auto auf die hell erleuchteten, breiten Straßen mit den hohen Häusern, vielen Auslagen und zahlreichen Menschen, die auf Motorrädern, in Autos oder zu Fuß um diese späte Uhrzeit noch unterwegs waren. Franz von Walther steuerte den Wagen geradewegs in die *via Platone* 15 am *Monte Mario*. Der *Monte Mario* befindet sich rechts des Tibers, nahe dem Produktionszentrum der *RAI*, und ist mit seinen 139 Metern über dem Meer der höchste Hügel der italienischen Hauptstadt, wenngleich er nicht zu den sagenumwobenen sieben Hügeln Roms zählt. Henny und Franz von Walther wohnten am Fuße des *Monte Mario* in einer schönen, geräumigen Wohnung im fünften Stock mit einer großen Terrasse und einem wunderbaren Blick über Rom. Waltraud stapfte mit der schlafenden Sabina auf einem Arm und Franziska auf dem anderen hinter Henny, die ihrerseits den schlaftrunkenen Toni im Arm hielt, die Stufen hinauf zum Fahrstuhl. Gemeinsam fuhren sie in den fünften Stock und betraten den schönen Eingangsbereich der eleganten Wohnung. Das Kinderzimmer befand sich neben dem Badezimmer und Elternschlafzimmer. Waltraud schickte sich an, die Kinder bettfertig herzurichten. Kaum lagen diese in ihren Betten mit bis zur Nase hochgezogenen Decken, da waren sie auch schon wieder im Schlaf versunken. Waltraud unterdrückte selbst ein Gähnen. Sie half ihrem Hausherrn noch mit dem Gepäck, dann durfte auch sie sich zur Nachtruhe in ihr eigenes Zimmer zurückziehen. Es war ein langer Tag gewesen. *Aber ein unglaublich schöner*, mit diesem Gedanken war Waltraud auch schon eingeschlafen.

Ein Klopfen an der Tür weckte Waltraud am nächsten Morgen. Es war Zeit, den Arbeitstag zu beginnen. Waltraud oblag die Versorgung der Kinder, und sie hatte Henny von Walther zur Hand zu gehen. Beim Kochen, Einkaufen, Saubermachen. Waltraud war nicht nur rund um die Uhr für die Familie da, sie war ein Teil der Familie von Walther. Zumindest fühlte sich Waltraud rundum wohl, das hatte sie schon festgestellt, auch wenn sie gerade erst in Rom angekommen waren. Sie schwang sich aus dem Bett und kleidete sich an. Die Schürze, so unterwies sie Henny von Walther, hatte sie nur zu tragen, wenn Gäste beim Mittag- oder Abendessen zu bedienen waren. Ansonsten konnte Wally sich kleiden, wie sie mochte. Leichtfüßig ging sie ins Kinderzimmer und hob die noch vom Schlaf benommene Sabina aus ihrem Bettchen. Es war Zeit für das morgendliche Bad. Nach Sabina waren Franziska und dann Toni an der Reihe. Als Waltraud mit den frisch gepuderten und angekleideten Kindern im Schlepptau auf dem Weg in die Küche war, wo Henny von Walther schon mit dem Frühstück auf sie wartete, fiel Waltrauds Blick aus dem Fenster.

„Was sind denn das für Polizisten, da unten links und rechts bei dem Hauseingang?", fragte sie verwundert über das Bild, das sich ihr mit den Strammstehenden in Galauniform und Gewehren in den Händen auf der gegenüberliegenden Straßenseite bot.

„Die Leibgarde von Senator Fanfani. Der wohnt nebenan", antwortete Henny von Walther und lieferte auch gleich noch ein paar Erläuterungen, da sie ihrem Kindermädchen ansah, wenig mit diesem Namen anfangen zu können. *Amintore Fanfani* sei gegenwärtig sogar der

Präsident des italienischen Senats. Vorher sei er wiederholt Italiens Ministerpräsident gewesen, auch Präsident der UN-Generalversammlung und man könne schon sagen, dass er einer der wichtigsten Politiker Italiens sei. Sie solle sich über die Polizeipräsenz nicht wundern, bei Politikern dieses Ranges sei ein ständiger Personenschutz durchaus üblich.

„Hm. Und die armen Kerle müssen da die ganze Zeit strammstehen?" Waltraud, der der Anblick der Uniformierten vor dem Hauseingang gegenüber durchaus imponierte, hatte plötzlich Mitleid mit den beiden.

„Sogar bei Wind und Wetter!", schmunzelte die Hausherrin und fügte hinzu, dass sie einander aber abwechseln würden, das Ausharren in der Habachtstellung gehöre nun mal zu ihrer Arbeit, und die sei ähnlich jener der Päpstlichen Schweizergarde.

„Päpstliche Schweizergarde?", wiederholte Waltraud nachdenklich, „was soll das denn sein?" Und Henny von Walther erläuterte, dass es sich hier um junge Schweizer Männer in historischen Uniformen handle, die für die Sicherheit des Papstes im Vatikan sorgten, und das bereits seit dem Jahr 1506. Bald würden sie mit Waltraud den Vatikan und den Petersdom besuchen, dann könne sie sich selbst von den traditionellen Renaissance-Uniformen überzeugen. Denn an den Sonntagvormittagen ging man zur Messe. Auch in Rom. Und da Waltraud nun Teil ihrer Familie war, wurde sie selbstverständlich mitgenommen, auch um ein Auge auf die Kinder zu haben. Gelegentlich fuhren sie zur Sonntagsmesse auch in die *Basilica di San Pietro in Vaticano,* wie der Petersdom offiziell heißt. Mit dem Pkw kam man damals bis unmittelbar vor die Treppe des Eingangsportals. Jede Menge Autos parkten hier. Viele Menschen wollten zur Hauptmesse am Sonntag in den Petersdom. Waltraud ging ehrfürchtig die breite Treppe hinauf. Eines der Kinder hing immer an ihrer Hand, aber Waltraud ließ sich nicht ablenken. Zu Hause war man wohl auch eng mit der Kirche aufgewachsen, aber hier in Rom war das etwas ganz anderes. Hier würde sie gleich auf den Papst treffen. Das Oberhaupt der römisch-katholischen Kirche. Davor hatte sie Respekt und tiefe Ehrfurcht.

Schon als sie das große Kirchentor durchschritt, war sie von der imposanten Innenarchitektur des Doms völlig überwältigt. So viel Prunk im Überfluss! Benommen geht Waltraud mit den Kindern hinter Franz und Henny von Walther her und setzt sich auf einen Stuhl vor dem Hochaltar. Dieser steht direkt unter der Mitte der Kuppel des Petersdoms. An diesem Altar, der von einem übergroßen in Bronze und Gold gehaltenen Baldachin im Barockstil überragt wird, wird der Papst höchstpersönlich die Messe zelebrieren. Waltraud bekam feuchte Hände, die sie vor Aufregung zu kneten begann. Da beugte sich auch noch Franz von Walther zu ihr herüber und flüsterte: „Genau unter dem Altar befindet sich das Grab des heiligen Petrus." Gott sei Dank ertönte ebenda das imposante Orgelspiel, womit mit einem Mal nicht nur das diffuse Stimmengewirr der vielen Gläubigen verstummte, sondern auch Waltrauds aufwallender Gemütszustand, der die Gelegenheit bekam, wieder etwas abzuebben. Nun war sie am Staunen über die große Anzahl an Priestern in roten Messgewändern, die in Zweierreihen zum Hauptaltar schritten. Die Prozession wollte gar nicht mehr aufhören. *Wie viele mochten das sein*? Waltraud kam mit dem Zählen nicht mehr nach. Da erblickte sie endlich die schmale Gestalt von Papst Paul VI., der inmitten der anderen mit dem Einzug die heilige Messe eröffnete. Der Name dieses Papstes war Waltraud schon in Bozen einmal zu Ohren gekommen. Der Konzilspapst, so hatten sie ihn genannt, da unter ihm das Zweite Vatikanische Konzil 1965 seinen Abschluss gefunden hat. Was genau damit gemeint war, das wurde nicht so genau erläutert, aber dass sich in der Kirche die Sprache verändert hatte, das hat Waltraud dann doch mitbekommen. Denn plötzlich durften die heiligen Messen in Deutsch, und nicht mehr nur in Latein, gelesen werden. Und nun saß sie selbst unmittelbar vor diesem Papst, der mit den Messen in der Volkssprache eine Zeitenwende eingeläutet hatte.

Das Messezeremoniell im Petersdom kannte weit mehr Rituale, als es Waltraud von zu Hause gewohnt war. Jeder der zahlreichen Priester um den Altar hatte seine Aufgabe. Die Gebete, im Chor gesprochen und gesungen, waren sehr ergreifend. Waltraud lief der Schauer über den Rücken und sie bekam Gänsehaut, während sie nahezu unbeweglich und mucksmäuschenstill die Messe andächtig mitverfolgte. Als zum Ende der heiligen Messe erneut das Orgelspiel erklang, erhoben sie sich von den Stühlen und gingen durch das Hauptschiff in Richtung Ausgang. Aber sie schritten nicht durch das Eingangsportal ins Freie, sondern ihre Dienstherren bogen vor dem Ausgang links ab, und so standen sie wenig später direkt in der Sixtinischen Kapelle. Waltraud blieb der Mund offen stehen. Diese wunderschönen Bilder! Überall an den Wänden. Und erst die Decke! Franz von Walther lenkte Waltrauds Aufmerksamkeit auf ein Deckengemälde in der Mitte: „Die Erschaffung Adams vom berühmten Michelangelo gemalt." Waltraud verfolgte mit ihren Augen die Ausführungen ihres Dienstherren und sah Gottvater, der mit ausgestrecktem Finger Adam zum Leben erweckt. Sie war benommen und fasziniert. Bisher hatte sie von der Schöpfungsgeschichte immer nur gehört, und hier gab es zu allen Geschichten Bilder dazu. Tief beeindruckt verließ Waltraud die Kapelle, nahm einen Zwilling an die Hand und mit Sabina im Arm folgte sie Franz von Walther und Henny, die den anderen Zwilling führte, ins Freie.

Nach der Messe und unter der Woche, wann immer Franz von Walther einen arbeitsfreien Tag hatte, wurde im VW-Käfer ein Ausflug unternommen. Sämtliche Sehenswürdigkeiten in Rom haben sie gemeinsam besichtigt: das Forum Romanum, das Nationaldenkmal *Altare della Patria*, das Pantheon, den Petersplatz. Aber so beeindruckend und bewegend die Messe im Petersdom auch war, der Besuch der Messe dort blieb die Ausnahme. Die Stammkirche der Familie von Walther war die *chiesa Santa Maria dell'Anima*. Kurz die *Anima*. Diese Kirche befindet sich gleich hinter der *piazza Navona*, jenem wunderschönen, großangelegten Platz im Westen der Innenstadt, auf dem drei elegante Springbrunnen mit beeindruckenden Marmorskulpturen die Aufmerksamkeit seiner Besucher auf sich ziehen. Besonders der Springbrunnen in der Mitte mit seinem weit in die Luft ragenden Obelisken. Für die morgendliche Sonntagsmesse fuhr Familie von Walther samt Kindermädchen fein zurechtgemacht im VW-Käfer gewöhnlich zur *Anima*. Der Hauptgrund, warum sich die Familie für den sonntäglichen

Gottesdienst diese Kirche ausgesucht hat, war der Tatsache geschuldet, dass die heilige Messe dort inzwischen vorwiegend auf Deutsch gelesen wurde. Denn die *Santa Maria dell'Anima* ist die Kirche der deutschsprachigen Katholiken in Rom, und das schon seit 1859. Zur Kirche gehörte auch ein Kloster, das von bundesdeutschen Caritas-Schwestern geführt wurde. Die Klosterfrauen stellten den deutschsprachigen Gläubigen, und darunter besonders den jungen Leuten, einen Raum zur Verfügung, in dem sie sich im Anschluss an die Messe und an den Sonntagnachmittagen treffen konnten. Und sie unterhielten eine Art Kinderhort, wo die Eltern während der Messe ihre Kleinkinder zum Spielen abgeben konnten. Waltraud blieb mitunter bei Toni, Franziska und Sabina im Spielzimmer, aber sie durfte selbst entscheiden, ob sie lieber bei den Kindern bleiben oder die Messe mitfeiern wollte.

Den Sonntagnachmittag hatte Waltraud, nachdem sie sich etwas eingewöhnt hatte, dann zur freien Verfügung. Ab und zu durfte sie sich auch schon nach der Messe von der Familie von Walther verabschieden. Bald genoss sie es, alleine durch Rom zu streifen. So wie sie sich besser orientieren konnte, unternahm sie ausgedehntere Spaziergänge. Zu Fuß oder mit den öffentlichen Verkehrsmitteln erkundete sie die Hauptstadt: Sie lief die Spanische Treppe hoch, warf eine Münze in den Brunnen von Trevi, erklomm mehrmals die Kuppel auf dem Petersdom. Für den ersten Teil konnte sie den Fahrstuhl benutzen, dann ging es nur mehr zu Fuß weiter über die immer enger und steiler werdende Wendeltreppe hinauf zur Aussichtsplattform. Der Aufstieg verlangte einem schon einiges ab, und schwindelfrei sollte man auch sein, aber der Ausblick, der sich auf den Petersplatz und über die Stadt bot, war spektakulär! Eifrig knipste Waltraud Bilder und drehte sich dabei in alle Himmelsrichtungen.

Der Fotoapparat war bei den ersten Anschaffungen gewesen, die sie sich hier in Rom gegönnt hatte. Seit sie bei der Familie von Walther arbeitete, bekam sie erstmals auch regelmäßig ein Monatsgehalt. Ein Bankkonto hatte sie sich dafür nicht einrichten müssen. Franz von Walther übergab ihr monatlich ihren Lohn von 50.000 Lire als Scheck oder in bar. Mit ihrem selbstverdienten Geld konnte sie sich sodann ihren eigenen Fotoapparat kaufen. Sie war richtig stolz auf ihre Errungenschaft! Der Wunsch schwelte schon in ihr, seit sie so einen Apparat bei Frau Torggler noch in Bozen gesehen hatte. So etwas wollte sie auch haben, um endlich all das zu fotografieren, was ihr auf ihren Streifzügen vor Augen kam. Vor den zudringlichen Fotografen, die an den bekanntesten Sehenswürdigkeiten auf der Lauer lagen, musste man sich aber in Acht nehmen, das bekam Waltraud auf ihren Erkundungstouren schnell mit. „Foto! Foto!", schrien die vielen Fotografen zudringlich, während sie hinter einem herliefen und auch vor Berührungen am Arm nicht zurückschreckten, um die Vorbeieilenden zum Stehenbleiben zu bewegen. Hatten sie erst einmal ein Foto geknipst, dann drängten sie die Überrumpelten zum Kauf desselben. Das war unmöglich lästig, ja geradezu unverschämt, fand Waltraud. Und meinte nicht nur die Zudringlichkeit, sondern auch die gesalzenen Preise, die einem für das Foto abgeknöpft wurden. Bald hatte sie sich eine Taktik zurechtgelegt, um sich an den skrupellosen Fotoknipsern unbemerkt vorbeizuschleichen. Beschwingt besichtigte sie fotografierend die Engelsburg, das Kolosseum, das Forum Romanum, ergötzte sich an den Springbrunnen auf der *piazza Navona* und war überwältigt von der Schönheit der Vatikanischen Gärten. Dass ihr überhaupt Einlass in die Vatikanischen Gärten, die ansonsten nicht für die Öffentlichkeit geöffnet sind, gewährt wurde, verdankte sie den Schweizergardisten, deren Bekanntschaft sie in der *Anima* gemacht hatte.

Waltraud saß in ihren freien Stunden, wenn sie nicht gerade auf Erkundungstour war, nämlich auch gerne in dem Aufenthaltsraum der deutschen Ordensschwestern in der *Anima*. Hier kamen nicht nur deutschsprachige Mädchen zusammen, sondern auch Burschen waren willkommen. Ein paar Südtiroler, die in Rom das Militär machten, kamen in ihrer freien Zeit ebenso hierher wie die Schweizergardisten. Von ihnen hatte Waltraud allerhand erfahren über die Aufnahmekriterien, dass es gar nicht so einfach sei, bei der Schweizergarde genommen zu werden. Da müssten die Körpermaße genauso passen wie die Ausbildung. Am Schwyzertütsch hatte sich Waltraud nicht gestört, sie war es inzwischen gewohnt, sich den verschiedenen Aussprachen anzupassen. Der Pilot der Alitalia, der aus Verona stammte, und auch gerne bei der *Anima* vorbeischaute, sprach beispielsweise ein sehr sauberes Deutsch. Aber der Klang eines „sauberen Deutsch" war für Waltraud im Grunde genauso ungewohnt wie jener des Schwyzertütschs. Mit den *Gitschn* dagegen konnte sie sprechen, wie ihr der sprichwörtliche Schnabel gewachsen war. Diese stammten wie sie aus Südtirol und waren ebenso auf einer Dienststelle in Rom.

Längst hatte sie auch ihren Freundinnen Tresl, Ally und Herta von ihren Erfahrungen geschrieben und Rom als einziges großes, schönes Abenteuer beschrieben, das sie in allen Farben auszumalen verstand. Ihre Begeisterung sprang über. Bald konnte sie in den Antwortbriefen ihrer Freundinnen lesen, dass alle drei ebenso großes Interesse an einer Dienststelle in Rom hätten. Von da an war Waltraud als Arbeitsvermittlerin unterwegs. In der *Anima* bot sich dafür die beste Gelegenheit. Hier konnte man sich mit den anderen Dienstmädchen austauschen. Eines wusste immer von einer Dienststelle, die gerade frei war. Südtiroler Dienstmädel waren nämlich ganz generell in Italien sehr begehrt. Sie galten als fleißig, sauber und folgsam. Lange hatte es nicht gedauert, bis sie für alle drei eine geeignete Arbeitsstelle gefunden hatte. Für ihre Freundinnen hätte es wohl auch in Bozen Arbeit gegeben, aber die wurde bei Weitem nicht so gut bezahlt. Ganz davon abgesehen, dass Rom eben auch etwas ganz Besonderes war.

Der Treffpunkt ihres Vierklees war in Rom stets die *piazza Navona* gewesen. Hier kamen sie an den Sonntagen zusammen: Ally, Tresl, Herta und Wally. Von dort starteten sie sodann ihre gemeinsamen Streifzüge durch Rom. Gerne fuhren sie auch hinaus ans Meer. Mit der *metropolitana*, der Untergrundbahn, benötigen sie gerade einmal 50 Minuten bis zum *Lido di Ostia*. Sie legten sich im Badeanzug zum Sonnen ans Meerufer oder sie machten einen Spaziergang am Strand. Und sie waren regelrecht vernarrt in den Flughafen. Mit der schnellen Zugverbindung ab *Roma Termini* hinaus zum *Aeroporto Fiumicino* benötigte man gerade einmal eine gute halbe Stunde. Sie waren fasziniert von den großen Flugzeugen. Stundenlang konnten sie einfach nur dastehen und zusehen, wie die großen Passagiermaschinen zur Landung ansetzten oder über die Startbahn rollten, um abzuheben. Verträumt sah Waltraud jedem Flieger so lange hinterher, bis sie ihn nicht mehr sehen konnte. Flugbegleiterin, das war ihr Traumjob! Nicht nur sie, auch Ally, Tresl und Herta träumten davon, eine Stewardess zu sein. Da draußen auf dem Flughafengelände erlaubte sich Waltraud den Traum, in einer schicken Stewardessuniform mit an Bord zu sein. Ferne Länder zu bereisen, einfach in einem Flugzeug hinauf in die Lüfte zu steigen, die Wolkendecke zu durchbrechen und der Sonne entgegenzufliegen. Ein Gefühl der Freiheit und Grenzenlosigkeit durchdrang ihren Körper. Es war ein großartiges Gefühl, das ihr über und über Gänsehaut bescherte. Doch die Realität holte sie so zuverlässig wie jäh zurück auf den Boden der Tatsachen. Wenn es für jede möglich sein mochte, sich für den Job als Stewardess zu bewerben, für Waltraud war er unerreichbar. Sie musste den Sommer über für drei Monate zu Hause arbeiten, das war für sie geradezu in Stein gemeißelt. Und damit hatte sich ihr Berufswunsch auch schon wieder erübrigt. Da blieben nur die vor Staunen riesengroßen Augen, die sehnsüchtigen Blicke und die Fotos zur Erinnerung.

Selbstverständlich hatte Waltraud ihren Fotoapparat immer dabei und benutzte ihn ausgiebig. Von dem Riesenflugzeug mit dem englischen Namenszug *South Africa*, zu Deutsch Südafrika, wollte sie unbedingt ein Foto haben. Mit strahlendem Gesicht ließ sie sich auf der Balustrade vor dem Prachtflieger von Ally ablichten. Wenigstens dieses Bild sollte sie immer an ihren Traum erinnern, und daran, wie glücklich sie an diesem Tag hier am Flughafen von *Fiumicino* gewesen ist. Und dann wollte sie noch ein weiteres Bild gemeinsam mit Ally. Dieses Foto sollte Tresl schießen. Zur Erinnerung. Bevor sie sich zufrieden über den schönen Tag am Flughafen wieder in den Zug setzten, um zurück ins Zentrum zu fahren. Nach einem halbstündigen Spaziergang ab *Roma Termini* erreichten sie auch schon die *piazza Navona,* wo sich einige ihrer Lieblingspizzerien befanden. Hunger hatten sie inzwischen auch bekommen, und ein gemeinsames Pizzaessen gehörte zu ihren freien Stunden am Sonntag schon längst dazu. Waltraud hätte wohl auch unter der Woche von ihren Dienstherren frei bekommen, um abends etwas zu unternehmen. Aber ihre Freundinnen wohnten alle in unterschiedlichen Richtungen. Sich am Abend zu treffen, war kaum machbar, da blieb nur der freie Nachmittag und Abend am Sonntag. Und nun saßen sie in dem Lokal im Freien auf der *piazza Navona*, vor sich eine duftende Pizza *prosciutto e funghi, Margherita oder Capricciosa* und unterhielten sich lebhaft in ihrer deutschen Muttersprache.

„*Oh, siete dei dinamitardi*! – Ach, ihr seid Sprengstoffattentäter!", riefen einige junge Römer aus, die gleich die Ohren spitzten, wie sie die Fremdsprache beim Vorbeigehen vernahmen. Unvermittelt blieben sie vor Wally, Tresl, Ally und Herta stehen. Spätestens seit dem zweiten *Mailänder Prozess*, dessen Urteilsverkündung am 20. April 1966 erfolgt war, waren die Attentate der Südtirolaktivisten, die in den nationalen Medien breit und meist einseitig besprochen wurden, bei den Italienern durchaus bekannt, stießen aber – auch in Ermangelung der Kenntnis der historischen

Hintergründe – auf großes Unverständnis und führten zu einer Reihe von Vorurteilen.

„Nein, um Gottes Willen! Damit haben wir nichts zu tun!", ereiferte sich Waltraud, die vom Vierklee immer schon am besten italienisch gesprochen hat, deshalb sogleich laut lachend in die Richtung der jungen Männer. Mit den Sprengungen in ihrer Heimat wollten sie alle vier auf keinen Fall in Verbindung gebracht werden.

„Warum zündet ihr Bomben da oben?", wollte ein schwarzhaariger Bursche fordernd wissen. Für ihn waren die „da oben", wie für die meisten, die er kannte, nichts weiter als ein Haufen widerspenstiger Extremisten, die sich und andere in Gefahr brachten und sich der nationalen Einheit nicht fügen wollten. Dass Italien ein unfaires Spiel spielte, da es sich nicht an die Vereinbarungen hielt und der deutschsprachigen Minderheit ihre Recht schuldig blieb, davon wusste er nichts. Genauso wenig wie seine Freunde um ihn herum.

„Wollt ihr alle Italiener in die Luft sprengen?", setzte sodann sein Kamerad noch eines drauf.

„Das sind nur ein paar Verrückte!", beschwichtigten die Freundinnen sichtlich um eine heitere Stimmung bemüht. Was es mit den Sprengungen in ihrer Heimat auf sich hatte, davon hatten sie keinen blassen Schimmer. Und es interessierte sie im Grunde auch gar nicht. Sie waren jung, sie waren lebenslustig und lebenshungrig. Viel lieber als mit Politik beschäftigten sie sich mit den schönen Dingen des Lebens. Schnell wechselten dann auch die jungen Burschen das Thema. Schließlich saßen da vor ihnen vier junge, hübsche Mädchen. Da lag es nahe, seine Chancen auszuloten.

Denn, dass sie den italienischen Männern durchaus gefallen haben, das haben Wally, Ally, Herta und Tresl schon mitbekommen. Besonders wenn sie im Dirndl, das sie noch in Bozen in der Haushaltungsschule samt weißer Bluse selbst genäht hatten, aufkreuzten, dann waren ihnen die bewundernden Blicke sämtlicher Männer und auch der Frauen sicher. Genauso sicher, wie sie von den Männern ihrer Altersgruppe umworben wurden. Dass ihnen die Römerinnen viel zu hochnäsig und zu aufgetakelt wären, dass ihnen so ein natürliches, ungeschminktes, bescheidenes Mädchen, wie sie es seien, viel besser gefiele, versicherten die jungen Römer inbrünstig, während sie Ally, Tresl, Herta oder Wally tief in die Augen schauten. Geschmeichelt waren sie schon, das konnten die Mädchen nicht leugnen. Kokettiert hatten sie auch mit dem einen oder anderen, wenn ihnen einer besonders gefallen hat. Aber zu einer ernsthaften Beziehung wäre keine von ihnen bereit gewesen. Und wenn die eine oder andere drauf und dran war, ihr Herz zu verlieren, dann fanden die anderen die richtigen Worte, um Schlimmeres zu verhindern.

„Nimm dich in Acht! Stürz dich nicht ins Unglück!", ermahnte etwa Tresl, wenn sie beispielsweise in den Augen von Ally sah, dass diese Gefahr lief, sich zu verlieben.

„Die Italiener ticken einfach anders als unsere Männer, das weißt du doch", pflichtete Herta Tresl bei.

„Genau, die sind extrem eifersüchtig. Die betrachten dich als Eigentum, da darfst du gar nichts mehr machen!", wusste auch Wally. Einen Italiener zu heiraten, das wäre für sie nie und nimmer infrage gekommen. Dabei war sie wirklich gerne in Rom. Alles war wunderschön hier. Die

Denkmäler, die Sehenswürdigkeiten und die ganze Lebensart. Alles war hier viel leichter und lockerer als bei ihr zu Hause. Sie fühlte sich, als wäre sie in einem anderen Universum. Hier hatte sie sich gleich wohl gefühlt, sprichwörtlich mit dem ersten Tag, an dem sie in Rom angekommen war. Ihr äußeres Erscheinungsbild hatte sie bald jenem der jungen Römerinnen angepasst. Sie trug eine schicke Kurzhaarfrisur und zum Einkaufen ging sie gerne mit Henny von Walther durch die Gassen von Rom. Von den Luxusboutiquen der Haute Couture, die sich in den drei Nobelstraßen *via dei Condotti, via Borgognona und via Frattina* befinden, die alle drei senkrecht zur *piazza di Spagna* verlaufen, sahen sie sich nur die Auslagen an. Selbst Henny von Walther kaufte ihre Garderobe nicht in diesen übertreuerten Läden, wie Waltraud fand. Aber in Rom gab es Kaufhäuser in Hülle und Fülle, um sich hübsche, angesagte Kleidung wie etwa eine moderne Jeanshose zu kaufen.

Waltraud ging mit Henny von Walther aber auch gerne in das *RAI*-Gebäude, um die „Tagesschau", die Nachrichten in deutscher Sprache, live zu hören und zu sehen, auch weil diese nur über die Fernsehgeräte in Südtirol empfangen werden konnten. Von ihrem Zuhause waren es nur wenige Gehminuten in die *via Teulada*. Sie öffneten das Eingangsportal und liefen über einen breiten Gang hinunter bis zum Aufzug. Die Redaktion der deutschen Programme, ein vielleicht zehn Quadratmeter großer Raum mit ein paar Schreibtischen darin, befand sich im zweiten Stock. Nachdem sie keine Menschenseele mehr in der Redaktion vorfanden, gingen Henny und Wally gleich weiter in das Sendestudio. Franz von Walther hob seine Hand zur

Begrüßung. Er saß hinter einer Glasscheibe am Sendepult neben einem Techniker und verfolgte die Aufnahme am Monitor mit. Im Sendestudio sah Wally einige Techniker an der Kamera und an den Scheinwerfern. Vorne am Tisch saß Aldo Parmeggiani, bereit zum Lesen der „Tagesschau", die in Kürze beginnen sollte. Von 20 bis 21 Uhr gehörte das Sendestudio der deutschen *RAI*-Belegschaft. Um Punkt 20 Uhr wurden tagtäglich die Nachrichten auf Deutsch gelesen und anschließend wurde ein Programm gesendet, das vom deutschen oder österreichischen TV eingekauft wurde. Es wurden aber auch schon eigene Sachen produziert. Wie etwa Theateraufnahmen von heimischen Bühnen oder der „Runde Tisch", an dem Gäste aus Politik, Wissenschaft und Gesellschaft 30 Minuten lang über ein innen- oder außenpolitisches Thema oder ein tagesaktuelles Ereignis diskutierten. Aufgezeichnet wurden diese Sendungen damals schon im Studio in Bozen. Der verantwortliche Redakteur machte sich anschließend mit der Filmrolle nach Rom auf, wo die Sendung am Schneidetisch, der *moviola*, in mühseliger Handarbeit noch mit der Schere geschnitten und wieder zusammengeklebt werden musste. Für die einstündige Sendezeit hat man oft mehrere Tage gearbeitet. Aber die Südtiroler Crew war mehr als stolz auf ihre Errungenschaft, der erste Regionalsender zu sein. Sowohl in Italien als auch in Österreich gab es zu diesem Zeitpunkt, Ende der Sechzigerjahre, nur nationale Sender. Die sogenannten dritten Programme werden erst später in Betrieb genommen werden. Nachdem die Forderung nach deutschen und österreichischen TV-Sendern immer lauter wurde, erhielt Südtirol von Italien den *RAI*-Regionalsender in deutscher

Sprache, auch um damit einen direkten Einfluss auf die gesendeten Inhalte haben zu können.

Die Zeit, in der Waltraud in Rom war, September 1968 bis Ende Juni 1970, war für die Südtiroler Landespolitik eine heftig umkämpfte. Es herrschte dicke Luft im Land, und das schon seit Beginn der 1960er-Jahre. Südtirolaktivisten sprengten Strommasten und bekämpften die Staatsgewalt, die sich ihrerseits nicht an Vereinbarungen hielt. Nun konnten mit dem *Südtirol-Paket* die Weichen für die Autonomie gestellt werden, aber es herrschte große Uneinigkeit auch innerhalb der Südtiroler Volkspartei. Stürmische Debatten rund um das *Paket* waren die Folge. Glaubten die einen, die Italiener würden sie mit dem *Paket* über den Tisch ziehen, waren die anderen der Überzeugung, dass eine Ablehnung desselben einer Bankrotterklärung der Südtirolpolitik gleichkäme. Am 23. November 1969 sollte es zur entscheidenden Abstimmung kommen: *Paket* ja oder nein. In der *RAI*-TV-Redaktion hatte man alle Hände voll zu tun mit der Berichterstattung zu den Auseinandersetzungen rund um das *Paket*. Um die Südtiroler Bevölkerung über die mitunter recht komplexen Inhalte aufzuklären, hatte Franz von Walther mit seinen Leuten eine Animation ausgearbeitet. Diese sollte im Zeichentrickformat leicht verständlich zeigen, was bei der Annahme des *Pakets* erreicht werden kann. An diesem Abend nun sollte die Animation im Fernsehen bei der „Tagesschau" ausgestrahlt werden. Deshalb waren Henny von Walther und Waltraud in die *RAI*-Zentrale gekommen. Diese Animation über die verschiedenen Zuständigkeiten zum *Südtirol-Paket* wollten sie sich nicht entgehen lassen. Zu Hause hatte Franz von Walther schon wiederholt davon erzählt, seiner Frau, aber auch Waltraud. Und als die Woche zuvor seine Arbeitskollegen Lore Demar, Aldo Parmeggiani und Uwe Ladinser mit Ehefrau Peppi Franzelin zum Abendessen in der *via Platone* 15 waren, war von nichts anderem die Rede. Waltraud, die in ihrer weißen Schürze gekleidet die verschiedenen Menügänge servierte, war die meiste Zeit in der Küche beschäftigt und bekam das Gespräch am Esstisch, von dem sie zweifelsfrei nur die Stimme ihres Hausherrn ausmachen konnte, nur im Hintergrund mit.

„Das *Paket* ist unsere Chance. Wir müssen mit vereinten Kräften dafür arbeiten, dass es angenommen wird", sagte Franz von Walther, der ein entschiedener *Paket*-Befürworter war, „die Südtiroler müssen begreifen, was auf dem Spiel steht. Lasst uns eine leicht verständliche Animation ausarbeiten, um alles anschaulich zu erklären."

„In Südtirol gibt es viele, die den Italienern nicht trauen. Man spricht von Augenauswischerei, und dass Italien uns nie eine umfassende Autonomie geben wird", hörte Waltraud eine Männerstimme antworten.

„Zugegeben, die Lage ist heikel. Aber es ist unsere Aufgabe, die Bevölkerung in Südtirol mit einer transparenten Berichterstattung aufzuklären", betonte eine Frauenstimme.

„Ganz genau! Glaubwürdig müssen wir sein!", rief Franz von Walther aus, „wenn wir wollen, dass die Südtiroler unsere Arbeit und unseren Sender ernst nehmen, müssen wir über alles berichten. Auch und gerade über Themen, die für Italien unangenehm sind!"

„An die Vorurteile und den Argwohn der Italiener uns gegenüber, als wir hier in Rom bei der *RAI* angefangen haben, erinnere ich mich nur zu gut", meldete sich daraufhin eine Frau am Tisch zu Wort.

„Ja, ich weiß. Dass Südtirol, bis dahin ein durch und durch deutsches Land, auf dem Verhandlungstisch nach dem Ersten Weltkrieg als Kriegsbeute wie ein Stück Wald an Italien ging, das wissen hier die wenigsten", hörte Waltraud den Versuch einer Erklärung für das Misstrauen vieler Italiener den Südtirolern gegenüber, und sie erinnerte sich unwillkürlich an die selbst erfahrene, häufige Unterstellung mit den *dinamitardi* zu sympathisieren. So, als wären alle Südtiroler geschlossen Sprengstoffzündler!

„Sicher, die Italiener, die nur den Nationalstaat mit seiner einheitlichen Landessprache und seiner Kultur kennen, verstehen nicht, warum es Südtiroler gibt, die nicht bei diesem schönen Land, das Südtirol gegenüber aber nicht immer fair ist, bleiben wollen", gab eine Frauenstimme zu Bedenken, die hinzufügte, man müsse hier unbedingt aufklären. Auf beiden Seiten. „Ansonsten bleiben wir bei der *RAI* wirklich die Wasserträger der Italiener, und die Südtiroler werden wir nie gewinnen."

„Wir sind uns also einig", fasste Franz von Walther zusammen, „wir werden die Südtiroler Bevölkerung gut informieren, nichts beschönigen, nichts unterschlagen. Wir wollen nicht polemisieren, sondern unser Grundinteresse ist es, den deutschen Sender zu etablieren. Wenn wir uns treu bleiben, sind wir glaubwürdig. Und das alleine ist unser Ziel!"

Die Worte aus dem Esszimmer drangen zwar noch hinaus in die Küche, aber Waltraud hatte ihre Aufmerksamkeit längst wieder auf ihre Arbeit gelenkt. Für sie war es keine große Sache, dass die Gäste des Hauses allesamt vom Fernsehen waren. Arbeitskollegen ihres Dienstherrn, das schon. Mehr aber auch nicht. Dass es Personen waren, die es in Südtirol aufgrund ihrer TV-Präsenz zu einer gewissen Berühmtheit gebracht hatten, kam ihr nicht mal in den Sinn. Sie selbst sah die Leute ja nicht im Fernsehen, da sie in Rom nur die italienischen Sender empfangen konnten, und in Laurein hatten sie keinen Fernseher. Genaugenommen hatten sie zu Hause nicht mal ein Radiogerät. Aber das würde sich jetzt ja ändern. Waltraud hatte schon Besorgungen für Weihnachten gemacht und wollte ihre Eltern mit einem Radiogerät überraschen. *Damit können sie endlich auch mal Nachrichten hören*, waren Waltrauds Gedanken, und sie malte sich aus, wie der Vater und die Mutter, während es draußen stürmte und schneite, in der warmen Stube um das Rundfunkgerät saßen und den Stimmen aus dem Radio lauschten. Ihr taten die alten Leute leid, die so abgeschnitten von der Welt ihr Dasein fristeten. *Es ist schon ein anderes Leben bei uns auf dem Berg da oben.* Fließendes Wasser gab es nur in der Küche. Und dann kam das Wasser nur kalt aus der Leitung. Es gab kein Badezimmer und als Toilette nur das Plumpsklo draußen auf dem Hof. Das ganze Haus war ungeheizt. Warm war es nur in der Küche beim Kochen und in der Stube, wenn der Ofen eingeheizt wurde. Nun wollte sie ihren Eltern mit dem Radiogerät etwas von der Welt da draußen in ihre Stube hole. Eine Postkarte hatte sie schon nach Hause geschickt mit der Ankündigung, dass sie über Weihnachten ein paar Tage nach Laurein kommen werde und dass sie darum bitte, die Mutter möge jemanden mit dem Auto nach Rumo schicken, um sie abzuholen.

Nun saß sie hier im Zug oder vielmehr stand sie neben ihrem Koffer im Waggongang auf dem Weg in Richtung Norden und starrte angsterfüllt aus dem Zugfenster. Ob die Mutter mit einem Wagen nach ihr schicken würde, war gerade ihr geringstes Problem.

Den komischen Mann hinter ihr im Zugabteil empfand sie als regelrechte Bedrohung. Unwillkürlich, als drängte sie eine unsichtbare Macht dazu, drehte sie ihr Gesicht erneut in seine Richtung. Ihr kurzer Augenaufschlag ließ sie erschaudern. *Was war das?* Hatte der fürchterliche Mann gerade seine Lippen zum Kussmund geschürzt? *Ich will hier raus! Und das so schnell wie möglich*, waren die einzigen Gedanken, die sie einigermaßen zusammenhängend zustande brachte. Aber anstatt schneller zu werden, verlangsamte der Zug gerade wieder sein Tempo und kam quietschend zum Stehen. *Wir stehen schon wieder?* Waltraud hob ungläubig den Kopf. Stoppten sie etwa an jedem mickrigen Bahnhof? Sie begann erneut zu schwitzen. Auch wenn sie meist mit der Familie von Walther im VW-Käfer mitfahren konnte, so war das nicht das erste Mal, dass sie alleine mit dem Zug von Rom nach Hause fuhr. Aber an jedem Provinzbahnhof hielten diese überregionalen Züge eigentlich nicht. In welchem Bummelzug war sie heute zu allem Überfluss nur gelandet? Sie kamen ja gar nicht mehr vom Fleck. Waltraud wollte nichts anderes, als so schnell wie möglich in Mezzocorona, ihrem Zielbahnhof, ankommen, diesen verdammten Zug verlassen und endlich dem geradezu diabolischen Blick entkommen. Und nun hielt der Zug auch noch an jedem noch so unbedeutenden Bahnhof! In ihrem Kopf malte sie sich schon die fürchterlichsten Szenen aus, zeigten sich ihr die schrecklichsten Bilder. Sie waren bestimmt doppelt so lange unterwegs als gewöhnlich. Waltraud starb auf der nicht enden wollenden Zugfahrt gefühlt tausend Tode. Ihre Muskeln taten ihr schon weh von der permanenten Anspannung, und sie war regelrecht benommen vor Furcht. Da fuhren sie endlich auf dem Bahnhof in Mezzocorona ein. *Jetzt nur keinen Fehler machen!* Waltraud hatte wirklich genügend Zeit gehabt, um sich gut auf den Ausstieg vorzubereiten. Auf keinen Fall durfte dieses Monster mit ihr aus dem Zug steigen. *Auf keinen Fall!* Dafür war es nötig, dass sie nichts von ihren Ausstiegsabsichten erkennen ließ. Die noch verbleibenden Minuten in diesem Zug wurden zur regelrechten Zerreißprobe. Sie musste aufpassen, dass sie es selbst nicht vermasselte. Immer, wenn sie losgehen wollte, hielt sie eine innere Stimme lautlos schreiend zurück, *noch nicht! Es ist noch zu früh!* Fast im allerletzten Augenblick, der Zug war schon dabei anzufahren, riss sie sich los, stürzte fluchtartig aus dem Waggon und stolperte die Zugtreppen hinunter auf den Bahnsteig. Und dann lief sie los. So schnell wie ihre Füße sie nur tragen konnten, den baumelnden Koffer hielt ihre Hand fest umklammert.

Völlig außer Atem machte sie erst Halt an der Trambahnstation, wo sie auf die Tram nach Cles warten musste. Mit fast bis zum Boden gebeugtem Oberkörper stand sie da und hielt ihre Hand gegen ihren Leib. Heftig atmete sie ein und aus. Die kalte Dezemberluft brannte ihr förmlich in den Lungen, so schnell war sie gerannt. Dann besann sie sich und wagte verunsichert einen Blick zurück. Wo war der Widerling? Aber weit und breit trat keine unheimliche

Gestalt in ihr Blickfeld! Waltraud brauchte einige Sekunden, um zu begreifen, dass ihr Manöver geglückt war. Eine Welle der Erleichterung durchfuhr sie. Sie wusste noch gar nicht, wie ihr geschah, sie war nur unglaublich dankbar. Erst jetzt merkte sie, dass sie am ganzen Körper zitterte.

Solche Angstzustände wie bei dieser Zugfahrt von Rom hatte sie noch nie erlebt. Und Waltraud war viel und ausgiebig in Rom alleine unterwegs gewesen. Sie liebte es geradezu durch die Straßen und Gassen zu streifen. Angst zu haben, wäre ihr nie in den Sinn gekommen. Im Gegenteil. Sie fühlte sich stets behütet und beschützt. Selbst in großen Menschenmassen wie bei der *Parata della Patria*, der großen Militärparade, die in Rom immer am Tag der Republik, am 2. Juni, abgehalten wird. Voller Vorfreude hatte sie sich am Morgen alleine auf dem Weg gemacht, um rechtzeitig beim *Altare della Patria*, dem Nationaldenkmal zu Ehren von König *Vittorio Emanuele II* in Rom, zu sein. Dort würden sie aufmarschieren.

Waltraud quetschte sich durch die vielen Menschenmassen hindurch und stellte sich ganz nach vorne in die erste Reihe, um ja nichts zu verpassen. Wie die Militärmusik ertönte und die ersten Paradereihen in ihr Blickfeld rückten, bekam sie Gänsehaut. *Das ist so großartig! So ergreifend*! Waltraud konnte sich nicht sattsehen an den vielen Militärfahrzeugen, Panzern und der gewaltigen Kriegsmaschinerie, mit denen das italienische Militär in Reih und Glied vor den vielen Schaulustigen vorbeimarschierte. Ganze zwei Stunden kam sie aus dem Staunen nicht mehr heraus. Fast etwas traurig, aber durchaus beschwingt, machte sie sich nach der Parade wieder auf den Heimweg. Heute würde sie ihre freie Zeit nicht mit einem Stadtrundgang füllen. Sie hatte noch ein paar Vorbereitungen zu treffen.

Herr und Frau Walther wollten bald mit den Kindern und ihr für ein paar Tage ans Meer rausfahren an den Strand von *Circeo*. Der Onkel von Franz von Walther hatte an diesem Ort ein Ferienhaus, und mit dem Auto war man in gut eineinhalb Stunden draußen. Diese Gelegenheit wollte man ausnützen, ehe Henny von Walther mit den Kindern in die Sommerfrische nach Oberbozen fuhr und Waltraud, das Kindermädchen, für die Sommerarbeit zurück nach Laurein musste.

Der Aufenthalt am Meer war heiß und angenehm gewesen. Auch Waltraud hatte die Tage am Strand genossen. Zurück nach Rom musste sie aber alleine mit dem Bus fahren. Auf Waltraud wartete nämlich die nächste Fahrstunde, und auf die wollte sie auf keinen Fall verzichten, so ein Heidengeld, wie sie für die Autofahrschule hingeblättert hatte! Dass sie sich überhaupt eingeschrieben hatte, lag auch daran, dass Henny von Walther, die selbst einen Führerschein besaß, sie in diesem Vorhaben unterstützte. Waltraud gefiel der Gedanke, selbst den Führerschein zu machen. Das fühlte sich so unabhängig, so modern und selbstbestimmt an. Und wenn man noch dazu dort wohnte, wo sich Fuchs und Hase gute Nacht sagen, könne es nicht schaden, wenn man in der Lage war, selbst ein Auto zu lenken. Und so hatte sie sich dazu entschlossen, mit der Fahrschule zu beginnen. Italienisch war für sie ja kein Problem. Und die Theorieprüfung hatte sie dann auch beim ersten Anlauf bestanden. Jetzt sollte sie sich die Fahrpraxis aneignen, dafür bekam sie Fahrstunden. Mit etwas

Glück konnte sie die Fahrprüfung ablegen, ehe sie den Sommer über wieder nach Laurein musste. Aber vorerst musste sie zurück nach Rom, um die nächste Fahrstunde zu absolvieren.

Am 17. Juni 1970 setzte sie sich am späteren Nachmittag in den Autobus. Die Vorstellung, alleine nach Rom zurückfahren zu müssen, bereitete ihr keine Sorge. Auch nicht die Tatsache, dass sie alleine in der Wohnung sein wird, war für Waltraud ein Grund, sich zu grämen. Das schlechte Erlebnis vom letzten Winter vor Weihnachten im Zug von Rom nach Hause war längst verblasst. Sie saß entspannt im Bus, erfreute sich an der Landschaft am Meer entlang und dann weiter im Landesinneren. Planmäßig erreichten sie den Zielbahnhof, und Waltraud wechselte in die Trambahn, die sie in die *via Platone* brachte. Es war schon spät geworden, und sie wollte bald zu Bett gehen. Aber an Schlaf war mit einem Mal gar nicht mehr zu denken! *Was ist das für ein Höllenlärm?* Unvermittelt waren geradezu infernale Töne bestehend aus Autohupen und Menschengeschrei zu ihr in die Wohnung gedrungen. Waltraud spurtete ans Wohnzimmerfenster, von wo sie einen guten Blick über Rom hatte und auch die Straßen zu ihre herauf auf den *Monte Mario* gut sehen konnte. *Was ist da nur los? Sind die alle verrückt geworden?,* wunderte sich Waltraud, die ihren Augen nicht trauen wollte, als sie das Schauspiel vor sich erblickte. Die ganze Innenstadt war in Aufruhr. Alle schienen närrisch geworden zu sein. Wie die Wahnsinnigen fuhren ganze Autokolonnen hupend und lärmend durch die Straßen. Die Leute streckten ihre Köpfe aus den Autos, schwenkten den *tricolore* und schrien sich die Seele aus dem

Leib. Aber irgendwie schienen die Menschen sich zu freuen, mehr noch, sie waren richtig ausgelassen. Waltraud stand mehrere Stunden am Wohnzimmerfenster und verfolgte die schrille Darbietung vor ihren Augen.

Warum die halbe Stadt in einen Jubeltaumel verfallen war, erfuhr sie am nächsten Morgen. Als das Jahrhundertspiel sollte das Fußballmatch Italien gegen Deutschland eingehen. Bei der Weltmeisterschaft in Mexico waren diese beiden starken Fußballnationen im Halbfinale aufeinandergestoßen. Als Italien das Spiel mit 4:3 für sich entscheiden konnte, waren die Italiener nicht mehr zu bremsen gewesen und verschafften ihrer bombastischen Freude über den errungenen Sieg in endlosen Autokorsos lautstark hupend und kreischend Gehör.

So eine nationale Einigkeit, wie sie sie hier in Rom unter den Italienern gerade in der Nacht vorher erlebt hatte, kannte Waltraud gar nicht. Es war irgendwie kurios. Österreicher waren sie in Südtirol schon nicht mehr, aber als richtige Italiener fühlte man sich auch nicht. Man befand sich als Sprachminderheit quasi irgendwo im Niemandsland. Es war gar nicht so einfach, für sich zu entscheiden, wohin man eigentlich gehört, fand Waltraud. Was sie aber wusste, war, dass sie kein Problem damit hatte, italienisch zu sprechen, und dass sie sich großartig fühlte in Rom. Sie war einfach gerne in dieser Stadt. Gleich wird sie wieder in einem Fiat 850 hinterm Steuer sitzen und versuchen, den Wagen fehlerfrei durch die vielbefahrenen Straßen der Hauptstadt zu lenken. Unwillkürlich musste sie an die Worte ihres Vaters denken: „Wenn du den Führerschein machst, dann kaufen wir gleich ein Auto!" Ihr Vater wusste ebenso wie sie selbst, in welcher Abgeschiedenheit sie wohnten. Nicht mal öffentliche Verkehrsmittel fuhren herauf bis nach Laurein. Nicht von Trient, und erst recht nicht von Südtirol über die unwegsamen Gebirgspässe. Wenn man von Laurein weg wollte und nicht scharf darauf war, alles zu Fuß abzulaufen, dann war ein eigenes Auto die einzige Möglichkeit. Er selbst war sich zu alt, um noch den Führerschein zu machen, aber die unerschrockene Waltraud, die sich sogar ins weit entfernte Rom gewagt hatte, die sollte die Fahrerlaubnis erwerben. Er würde ihr dann den ersten Wagen kaufen, um auch selbst von Waltraud an den Sonn- und Feiertagen herumkutschiert zu werden. Einfach im Auto sitzen und von seinem Sitzplatz aus die Welt betrachten, ohne auch nur einen einzigen Schritt zu tun, das konnte er sich sehr gut vorstellen. Davon hatte er auch immer wieder gesprochen. Sich nicht bewegen zu müssen. Bei der ganzen körperlichen Mühsal, die man tagtäglich zu bewältigen hatte, war diese Art von Müßiggang sein persönlicher kleiner Luxus.

Zur praktischen Fahrprüfung ist es für Waltraud in Rom dann doch nicht mehr gekommen. Der gewaltige Verkehr in dieser Stadt hatte es ihr verdorben. Waltraud ging das viel zu hektisch zu auf den Straßen. Den Führerschein hatte sie erst im darauffolgenden Jahr in Meran gemacht. Da war sie wieder zu Hause und verheiratet. Sie wollte nie eine alte Mutter sein, wie ihre eigene es gewesen war. Ihre ganze Jugend hatte sie darunter gelitten, dass ihre Mutter das Alter einer Großmutter hatte, und auch sonst in einer sehr rückwärtsgewandten, altertümlichen Welt lebte, mit ihren Gedanken und mit ihrem ganzen Wesen. Auch um sich in diesem Punkt von der eigenen Mutter zu unterscheiden, hatte Waltraud sich als blutjunges Mädchen zur Heirat entschlossen.

Leonhard kannte sie seit ihrer Kindheit. Er war wie sie ein Deutschnonsberger, nur in der Nachbargemeinde Proveis aufgewachsen. Im letzten Sommer waren sie einander näher gekommen, und Waltraud hatte den Heiratsantrag aus besagten Gründen gleich angenommen. Drei ihrer vier Kinder sind wenig später im Abstand von zwei Jahren zur Welt gekommen. Und der Familienalltag hatte sie mit aller Wucht in Beschlag genommen. Neben Kinderpflege und Familienpflichten gab es nach wie vor die Arbeit in Laurein. Wenigstens war sie, seit sie sich mit Leonhard ein Auto geleistet hatte, nicht mehr auf die öffentlichen Verkehrsmittel angewiesen. Mit den Kindern auf dem Rücksitz kurvte sie dann regelmäßig die steile, schmale Bergstraße hinauf über den Gampenpass. Zwar war dabei Waltrauds ganze Konzentration hinterm Steuer gefordert, aber die Strecke war ihr auch bald vertraut, so oft wie sie den Wagen hinauf nach Tonna lenkte. Die Routine ließ es zu, dass Waltrauds Gedanken auf der langen Fahrt mitunter vom verpflichtungsreichen Alltag abschweiften in ihre Jahre der Unbeschwertheit, als sie in Rom gewesen ist.

Das war ihre große Zeit. Eine Zeit, in der sie sich emanzipiert hatte, in der sie selbständig und selbstsicher geworden war. Diese Stadt hatte ihr so gut getan. *Und vielleicht habe ich auch viel zu früh geheiratet?* Vieles hätte sein können, hätte in anderen Bahnen verlaufen können. *Wer weiß?* Wenn sie nur noch ein paar Jahre länger geblieben wäre. In Rom, in dieser wunderschönen Stadt: *Roma – bellissima!*

Zwischen *lago Maggiore* und Comer See

Lena G., Jahrgang 1933, Vinschgau
1955–1962 Varese

Hier bleibe ich nicht länger! Keinen einzigen Tag! Lenas Gedanken überschlugen sich. Mit dem Putzlumpen in der Hand war sie Hals über Kopf in ihr kleines Zimmer gerannt und hatte sich schluchzend auf ihr Bett geworfen. Viel zu viele Wörter waren ihr wieder unbekannt gewesen. *Wie soll das gehen, wenn man hier kein Italienisch versteht?* Gerade hatte es wieder eine ungute Szene mit ihrer neuen Dienstherrin gegeben. Dabei hatte die *Signora* Banchieri ganz langsam gesprochen und sogar ihre Hände gestikulierend zu Hilfe genommen, als sie ihrem neuen Hausmädchen erklärte, was es mit dem Bohnerwachs anstellen sollte. Aber das war alles umsonst gewesen. Lena hatte sie nur verdattert angesehen und nichts, rein gar nichts verstanden. Als sie spürte, sie werde jeden Augenblick losheulen, war sie einfach in ihr Zimmer gelaufen. Hier lag sie nun samt Putzlumpen auf ihrem Bett und ließ ihren Tränen freien Lauf. Hundeelend fühlte sie sich und alleingelassen. Weder war sie in der Lage, das Gesagte zu verstehen, noch einen halbwegs verständlichen Satz auf Italienisch zu formulieren. Sie war ganz verzweifelt.

Am 1. Dezember 1955 hatte sie ihren Dienst in Varese bei der *famiglia* Banchieri, dem *ingegnere*, der *Signora* und den beiden Kindern Luigi und Daria, angetreten. Und nun, gerade einmal vier Tage später, am 4. Dezember, war sie drauf und dran, das Handtuch zu werfen. So hatte sie sich ihre Arbeit in Italien, in der *Walsch*, wie man bei ihr zu Hause im Obervinschgau sagte, nicht vorgestellt. Im Gegenteil. Sie war voller Zuversicht nach Varese aufgebrochen. Mutig hatte sie sich selbst alles organisiert, und das, obwohl die Mutter überhaupt nicht begeistert gewesen war, dass Lena die Absicht hatte, mutterseelenallein so weit fort in die Fremde zu gänzlich unbekannten Menschen zu fahren. Was da alles passieren könne! Nicht auszudenken! Ihr könne Schlimmes angetan werden, sie könne sich verirren oder gar verloren gehen! Aber Lena hatte die Sorge der Mutter nur lachend abgetan. Das waren alles keine Hürden für sie. Ihr Entschluss stand fest: Sie wollte gut Italienisch lernen.

Und nun, im Herbst 1955, war es Zeit, Nägel mit Köpfen zu machen. Sie war es einfach leid gewesen, dass sie die vielen italienischen Gäste beim Bedienen auf der Schaubachhütte in den Ortleralpen so miserabel schlecht verstanden hat. In diesem Jahr war es bereits die sechste Sommersaison gewesen. Wenn man die letzten beiden Wintersaisonen 1953/54 und 1954/55 dazuzählte, dann kam Lena sogar auf acht Saisonen, die sie als Kellnerin da oben, nahe der Gletscher und inmitten der höchsten Berge Südtirols, verbracht hatte. Die anderen Jahre war es noch einigermaßen möglich gewesen, dass Lena das Bedienen der Italiener unter den Bergsteigern ihrer Tante überlassen konnte, die im Vergleich zu ihr erstaunlich gut Italienisch sprach. Aber in diesem Sommer waren einfach zu viele italienische Gäste zur Hütte hinaufgestiegen. Die Taktik, bevorzugt die deutschen und einheimischen Bergsteiger zu bedienen, ging für Lena nicht mehr auf, und Szenen, in denen sie mit der Übersetzung peinlich überfordert war, nahmen Überhand. Überall kam man mit den Gästen in Kontakt. Im Saal beim Frühstück, Mittag- und Abendessen oder beim Putzen der Zimmer und der spartanischen Sanitäreinrichtungen. Die Hütte bot immerhin Platz für 55 Übernachtungsgäste. Und dieses Angebot wurde von vielen Alpinisten gerne genützt, um am nächsten Morgen zeitig von der Schaubachhütte aus eine Gletscher- oder Gipfeltour zu starten.

Benannt ist die im Talschluss des Suldentals auf 2581 Metern Meereshöhe gelegene Hütte nach dem deutschen Alpenforscher Adolf Schaubach. Bereits ab dem späten 19. Jahrhundert wurde die Hütte wiederholt ausgebaut. Immer mehr Alpinisten zog es seit der Erstbesteigung des Ortlers, des mit 3905 Metern höchsten Berges Südtirols, im Jahre 1804 hinauf zu den vielen Dreitausendern, wie der Eisseespitze auf 3230 Metern, dem Cevedale auf 3769 Metern oder der Königsspitze auf 3850 Metern. Während der Kampfhandlungen im Ersten Weltkrieg wurde die Hütte vollständig zerstört. Durch Spenden der Mailänder Bürgerschaft konnte nach dem Krieg mit einem Neubau begonnen werden, und ab 1926 war die Schaubachhütte, die inzwischen auch den italienischen Namen *Rifugio Città di Milano* trägt, wieder bewirtschaftet. Zunächst nur in der Sommersaison und seit 1953 auch im Winter.

Dass Lena überhaupt in dieser hochalpinen Schutzhütte gelandet war, kam nicht von ungefähr. Gerade einmal zehn Kilometer talauswärts vom Bergdorf Sulden, das schon zur Zeit von Lenas Kindheit und Jugend ein bekanntes

Fremdenverkehrsdorf war, befindet sich ihr Geburtsort Gomagoi. In diesem kaum 100 Einwohner zählenden Örtchen war Lena 1933 als fünftes von acht Kindern geboren. Ihr Elternhaus war der Heimathof der Mutter Magdalena. Sie war nicht die Älteste gewesen, aber als die beiden älteren Brüder aus dem Ersten Weltkrieg nicht mehr zurückgekommen sind, waren die älteren Schwestern schon verheiratet und lebten längst nicht mehr am elterlichen Hof. Und weil auch der dritte Bruder, der in der Kindheit an Kinderlähmung erkrankt war und zeit seines Lebens ein Pflegefall bleiben sollte, als Hoferbe ausfiel, sollte Magdalena die Bewirtschaftung des kleinen Heimathofes in Gomagoi sichern. Mit 30 Jahren hatte sie ihren Ehemann Johann geheiratet und anschließend jedes Jahr ein Kind zur Welt gebracht. Cäcilia, die Älteste, war 1928 geboren, Maria kam 1929 und 1930 Johann Josef, den alle Hans Sepp nannten. Im Jahr darauf wurde Theresia und im Februar 1933 wurde Lena geboren. Ein Jahr später folgte Rosa, dann, 1936, kam Alois zur Welt. Als Lena schon zehn Jahre alt war, gebar die Mutter noch Gertrud, ihr jüngstes Kind. Neben der schweren Bauernschaft und der Aufzucht der Kinder pflegte Magdalena Tag für Tag auch ihren kranken Bruder, der in seinen letzten Lebensjahren fast gänzlich lahm war. Hinzu kam, dass ihr Gatte Johann arg vom Rheumatismus geplagt wurde. Alle sagten, er habe sich diese starken Muskel- und Gelenksschmerzen im Ersten Weltkrieg am Stilfser Joch, wo er stationiert war, geholt. Gleich bei Kriegsausbruch war er mit 18 Jahren eingezogen worden. Von seinem Geburtsort im Obervinschgau waren es gerade mal zwölf Kilometer nach Gomagoi, wo sich die Straßen vom Vinschgau kommend teilen. Eine führt über das Suldental nach Sulden, auf der anderen gelangt man zum Stilfser Joch, dem auf 2757 Metern gelegenen, höchsten Gebirgspass in Italien, der Südtirol mit der italienischen Region Lombardei verbindet.

Im Ersten Weltkrieg galt die Front am Stilfser Joch zwar als ruhige Front, da es im Vergleich zur Dolomitenfront bedeutend weniger Tote durch direkte Kriegshandlungen gegeben hat. Den größeren Tribut forderten aber Lawinen, Krankheit, Auszehrung und vor allem die Kälte. Das wochen- und monatelange Ausharren in den Eislöchern am Stilfser Joch hatte sodann auch Johanns Bewegungsapparat, seinen Muskeln, Gelenken und Sehnen, arg zugesetzt und stark unterkühlt. Kaum erträgliche Schmerzen begleiteten ihn fortan. Lena erinnerte sich an sein ununterbrochenes Hin- und -Herwälzen, wenn er sich mal hinter der Ofenbank zum Ausruhen hingelegt hatte. Keine Sekunde gelang es ihm, ruhig zu bleiben. Dieses starke Leiden führte dann zur Amputation seines Beins und 1948 schließlich zu seinem frühen Tod, der ihn im Alter von nur 52 Jahren ereilte.

Das Leben wurde für Lena und ihre Geschwister mit dem Ableben des Vaters beileibe nicht leichter. Hans Sepp, der älteste Sohn, sollte wohl den Hof einmal übernehmen, aber er war beim Tod des Vaters mit 18 Jahren noch minderjährig. Genauso wie die beiden älteren Schwestern das 21. Lebensjahr noch nicht erreicht hatten. Die ganze Last der Hofbewirtschaftung lag auf den Schultern der Mutter. Um über die Runden zu kommen, hatten alle mitanzupacken. Die Arbeit war streng und hart. Im Frühjahr hatte jedes der Kinder einen bis zum Rand mit Kuhmist gefüllten Rückentragekorb zu schultern. Der Mist musste zum

Düngen in mühsamen, schweißtreibenden Fußmärschen zu den weiter oben gelegenen Äckern und Wiesen hinaufgetragen werden. Man war auf jeden Flecken angewiesen, den die steilen Hänge hergaben. Im Sommer hatten sie dann das Heu für die wenigen Kühe im Stall in denselben, wenn auch gesäuberten Rückentragekörben herunter in den Stadel des Heimathofes zu tragen. Nein, sie waren wirklich nicht verwöhnt. Da jedes Kind zu Hause auch automatisch ein Esser mehr am Tisch bedeutete, war klar, dass sich die älteren Geschwister um einen Dienst umsahen, um etwas dazuzuverdienen. Lena traf es mit 17 Jahren, als sie ihre erste Arbeitsstelle annahm. Ihre Tante war bereits seit vielen Jahren auf der Schaubachhütte als Bedienung beschäftigt. Sie bot Lena an, mit ihr im Sommer 1950 hinaufzusteigen, eine Hilfe auf der Hütte könne man gut gebrauchen, und wer weiß, vielleicht gefalle es Lena ja gut da oben.

Bis zur Inbetriebnahme der großen Suldenbahn im Jahr 1975 war der steile Aufstieg zur Schaubachhütte nur zu Fuß zu bewältigen. Gewöhnlich stieg man nur einmal, zu Saisonbeginn, auf. Mit Koffern und einfachen, dicht befüllten Stofftüchern links und rechts an der Hand bepackt, kaum einer besaß schon einen Rucksack, benötigten sie im Sommer für den beschwerlichen Bergsteig gute eineinhalb Stunden, im Winter bei Schnee und Wetter waren sie meist zweieinhalb Stunden auf dem Weg.

Lena hatte sich auf der Schutzhütte gleich gut eingelebt. Das Bedienen machte ihr Freude, und mit den Arbeitskollegen hatte sie sich sofort blendend verstanden. Mitunter wussten sie wohl nicht, wo ihnen vor Arbeit der Kopf steht, so überlaufen war die Schutzhütte, aber das hat den Frohsinn und den Zusammenhalt unter ihnen nicht geschmälert. Dass die Besitzer der Schaubachhütte Lena nicht gemeldet und damit auch keine Sozialbeiträge eingezahlt hatten, hat Lena erst später erfahren, als ihr diese Jahre für die Pension fehlten. Damals dachte niemand an dergleichen Dinge, denn sie hatten ja etwas verdient bei der Arbeit, auch wenn es die Trinkgelder waren, die den Lohn erst attraktiv gemacht hatten. Für Lena schien die Welt in Ordnung, wenn da nicht ihr Problem mit der italienischen Sprache gewesen wäre. Häufig genug hatte ihr ihre Tante aus der Patsche geholfen. Aber so konnte es nicht weitergehen. Das stand für Lena fest. Schon den ganzen Sommer 1955 über war in ihr ein Plan herangereift, der mit dem Besuch der Cousine Zenzl, die im Frühsommer während ihres Heimaturlaubs auch bei der Tante in Gomagoi vorbeischaute, seinen Anfang nahm.

Kreszenz, die alle nur Zenzl nannten, war 19 Jahre älter als Lena und schon seit geraumer Zeit als Dienstmädel bei einem reichen Ehepaar in Varese in Stellung. Varese ist eine der größten Städte in der Lombardei, am gleichnamigen See gelegen, dem *lago Varese*, zwischen den größeren oberitalienischen Seen *lago Maggiore* und *lago Como*. Die Verbindung von den Gemeinden im Obervinschgau nach Varese kannte bereits eine lange Tradition. Denn in den Sommermonaten gab es schon damals eine direkte Busverbindung von Varese dem Comer See entlang hinauf nach Sondrio und Bormio und dann weiter über das Stilfser Joch bis nach Gomagoi. Auf dieser Strecke war die Fahrt von Varese nach Gomagoi in etwa fünf Stunden zu bewältigen. Allerdings fuhr der Bus nur im Sommer. Als Zenzl nun im Frühsommer 1955 für einen Besuch bei ihnen in Gomagoi in der Stube saß, wich Lena nicht von ihrer Seite. Mit jeder Frage, die sie Zenzl stellte, zu ihrem Leben in Varese, was man da so zu tun habe, wie viel man verdiene, wuchs in Lenas Kopf der Eindruck, dass Varese auch etwas für sie sein könnte. Zur Sicherheit hatte sie sich schon mal von Zenzl ihre Postanschrift in Varese geben lassen. Wie sich die Szenen auf der Schaubachhütte, in denen Lena nicht selten am liebsten im Boden versunken wäre, dann gehäuft hatten, hatte sie nicht mehr gezögert. Entschlossen schrieb sie Zenzl einen Brief, in dem sie ihr Herz ausschüttete. Dass es höchst an der Zeit sei, endlich richtig Italienisch zu lernen, schrieb sie und davon, dass dies wohl am besten möglich wäre, wenn sie, Lena, selbst nach Varese kommen würde, um dort eine Stelle in einem italienischen Haushalt anzutreten. Ob ihr Zenzl bitte helfen könne, einen geeigneten Platz zu finden. Anfang Oktober sei sie startklar. Zenzl möge nur bald einen Antwortbrief an sie nach Gomagoi schicken, mit allen nötigen Informationen.

Wie Lena dann nach der Sommersaison wieder zu Hause war, da eröffnete sie der Mutter, dass sie im kommenden Winter nicht wie die beiden vorherigen als Bedingung auf der Schaubachhütte arbeiten wollte, sondern dass sie beabsichtigte, sich in Varese eine Arbeitsstelle zu suchen. Die Mutter war entsetzt!

„Du willst ganz alleine in die *Walsch* hinunter?", ungläubig richtete sie ihre Worte an Lena.

„Ja. Zenzl wird mir helfen, eine Stelle zu finden."

„Aber wie kommst du zur Zenzl? Die Straße über das Stilfser Joch ist jetzt zu! Du musst den weiten Umweg mit dem Zug machen! Du bist ganz allein! Kennst dich nicht aus! Und die Sprache? *Madl*, was dir alles passieren kann!" Die Mutter machte keinen Hehl aus ihrer Sorge um Lena, die sich so unbedarft und schutzlos in die Ungewissheit stürzen wollte. Aber dann kam Zenzls Brief, im dem alles geregelt schien. Das träfe sich gut, schrieb sie, sie habe noch ein paar Tage Urlaub gut. Lena könne zunächst, bis man eine geeignete Stelle für sie gefunden hätte, an Zenzls statt bei deren Dienstherren die Arbeit übernehmen, während sie, Zenzl, heim nach Mals fahre. Ihre Dienstherrin sei mit dieser Lösung einverstanden und auch bereit, Lena in Mailand auf der *stazione Centrale* abzuholen. Lena war begeistert! Den ganzen Kummer der Mutter, mit dem diese hoffte, die Tochter zum Bleiben zu bewegen, sah Lena nicht mehr. Jetzt galt es, alle Vorkehrungen zu treffen, um zur rechten Zeit am rechten Ort zu sein.

Im Brief hatten alle nötigen Informationen wie Datum und Uhrzeit gestanden. Am vereinbarten Tag machte sich Lena mit ihrem Koffer in Ermangelung öffentlicher Verkehrsmittel zu Fuß auf den gut zehn Kilometer langen Marsch vom Tal hinaus nach Spondinig. Eine lange Reise mit wiederholtem Umsteigen lag vor Lena. In Spondinig würde sie in die von Mals kommende *Littorina* steigen, die sie, wenn auch im Schneckentempo, nach Meran bringen würde. Von Meran kam sie mit dem Zug in die Landeshauptstadt Bozen. Auch wenn Lena das erste Mal in Bozen war, so schreckte sie der urbane Bahnhof nicht wirklich. Wenn sie nicht weiterwusste, scheute sie sich nicht, jemanden zu fragen. Auf Deutsch war das alles kein Problem. Schnell hatte sie sich zurechtgefunden, hatte das Bahngleis ausgemacht, von wo ihr Zug nach Verona abfahren sollte. Guter Dinge saß sie im Zugabteil und freute sich, als sich der Zug in Bewegung setzte. Seit sie heute am frühen Morgen das Elternhaus verlassen hatte, waren schon an die acht Stunden vergangen. Lena rechnete sich aus, dass sie gute zweieinhalb Stunden im Zug bis Verona brauchen würde. Wenn sie die Wartezeit, bis der Zug nach Mailand abfuhr, einrechnete, zuzüglich der Fahrtzeit von Verona bis zum Mailänder Hauptbahnhof, dann würde sie nach mehr als 13 Stunden auf der *stazione Centrale* ankommen. Das käme hin mit der von Zenzl in ihrem Brief angegebene Ankunftszeit. Und dann in Mailand würde ja Zenzls Dienstherrin auf sie warten. *Wie hatte Zenzl sie gleich beschrieben?* Lena kramte den schon völlig abgegriffenen Brief der Cousine aus ihrer Handtasche und las: *Als Erkennungszeichen wird die Chefin einen Regenschirm bei sich haben, einen grünen Mantel tragen und sie hat einen Hut auf.* Lena faltete den Brief wieder zusammen. Das dürfte nicht so schwer sein, die Dame zu erkennen. Lena war zuversichtlich, zumal Zenzl in ihrem Brief auch erwähnt hatte, dass ihre Dienstherrin deutscher Muttersprache sei.

Doch wie sie auf dem Bahnhof in Verona einfuhren, da schien sie ihre Zuversicht zu verlassen. Auf diese Bahnhofsgröße war Lena nicht gefasst gewesen. Und dann auch noch diese weitläufigen Unterführungen! Und dieses wilde Menschengewirr! Wie sollte sie nur bei dem ganzen Gedränge das richtige Bahngleis, auf dem ihr Zug nach Mailand abfuhr, finden? Mit ihrem Deutsch kam sie hier auch nicht weiter. Zumindest hatte sie das zunächst angenommen und war dann mehr als verwundert, wie man ihr deutsches Gestammel doch gelegentlich verstanden hatte. Jedenfalls war Lena dann doch auf dem richtigen Bahngleis gestanden, wie der Zug nach *Milano* einfuhr. Dass es ihr überhaupt gelungen war, in den rechten Zug zu steigen, blieb ihr auf der ganzen Fahrt nach Mailand ein Rätsel. Dieses ernüchternde Erlebnis auf dem Bahnhof in Verona hatte sie nun doch etwas verunsichert. Ihr schwante nichts Gutes, wenn sie an den Mailänder Bahnhof dachte. Sollte die Mutter am Ende doch Recht behalten? Man hatte sie ja gewarnt, aber sie, Lena, musste sich unbedingt durchsetzen.

Wie sie dann in den Bahnhof *Milano Centrale* einfuhren, bekam Lena direkt weiche Knie. Das geradezu immense Bahnhofsareal hatte ihr das letzte Fünkchen Mut genommen. Verzagt nahm sie ihr Köfferchen in die Hand und verließ den Zug. Aber noch ehe sie sich versah, erkannte sie, kaum dass sie auf dem Bahnsteig stand, eine zierliche, ältere Frau, die mit Regenschirm, grünem Mantel und Hut auf sie zu kam. Erleichterung durchfuhr Lena, als sich die Dame dann tatsächlich als Zenzls Chefin vorstellte. Sie und ihr Mann stammten aus Norddeutschland. Varese hatten sie zu ihrer Wahlheimat gemacht. Kinder haben sie keine, wie sie Lena erzählte, während sie sie zum Taxistand vor dem Bahnhof bugsierte.

Um nach Varese zu kommen, musste man den Bahnhof wechseln. Bald saß Lena zum ersten Mal in ihrem Leben in einem Privatauto, und dann gleich in einem sogenannten Taxi. Bei ihr zu Hause hatte wohl der eine oder andere schon einen eigenen Wagen, aber mitgefahren war sie noch mit keinem, und dass es eigene Wagen gab, die man mieten konnte, davon hatte sie nun wirklich noch nie gehört.

Beeindruckt von der gewaltigen Größe der Stadthäuser, dem Verkehr und den vielen Menschen, die es hier überall gab, saß Lena benommen neben Zenzls Chefin auf der Rückbank im Mietwagen und ließ sich von der *stazione Centrale* zum Bahnhof *Milano Cadorna* chauffieren. Auf sie wartete die letzte Etappe ihrer langen und beschwerlichen Reise. Vom Bahnhof *Cadorna* sollte es noch eine gute Stunde sein, ehe sie Varese erreichten. Am dortigen Bahnhof würde ihr Mann sie mit dem Auto empfangen, erzählte die zierliche Dame, sodass sie bald in der Villa sein würden, wo Zenzl ja schon auf die Cousine warte.

So war es auch gekommen. Nur, wie sie die Villa erreichten, war Lena fix und fertig. Die ganze Aufregung, die sie durchlebt hatte, und die Strapazen der fünfzehnstündigen Fahrt hatten sie ausgelaugt. Selbst die Freude, wohlbehalten bei Zenzl eingetroffen zu sein, konnte ihre Müdigkeit nicht vertreiben. Was Lena jetzt brauchte, war vor allem ein Bett. Und einen Bogen Papier. Ihrer Mutter, das hatte sie ihr noch in aller Herrgottsfrüh hoch und heilig versprochen, wollte sie unbedingt gleich von ihrem unversehrten Eintreffen am Zielort berichten. Lena war der Kummer der Mutter nämlich nicht gleichgültig geblieben. Keine Minute länger als nötig sollte sie um Lena in Sorge sein. Und wie sie den kurzen Brief beendet hatte, wollte sie auch schon los, um den Brief aufzugeben. Lena ließ sich von ihrem Vorhaben erst abbringen, als man ihr glaubhaft versicherte, dass um diese späte Uhrzeit kein Postamt mehr geöffnet habe, und die Briefkästen würden ohnehin nur frühmorgens geleert. Lena gab sich geschlagen. Den Brief wird sie erst am nächsten Tag aufgeben, aber dann zur frühestmöglichen Zeit!

Dass die Mutter vor Sorge um Lena dann aber dennoch regelrecht zum Nervenbündel geworden war, das erfuhr Lena erst viel, viel später. Lenas Brief mit der ersehnten Nachricht ihrer heilen Ankunft war nämlich ganze acht Tage auf dem Weg, ehe er Gomagoi erreichte. Acht Tage, in denen die Mutter vor Kummer um ihren Schlaf gebracht worden war. Wenn sie Tag um Tag von Lena keine Nachricht erhalte, so war sie überzeugt, könne das nur bedeuten, dass die Tochter in Not geraten war. In ihrer Angst hatte sie sich die schrecklichsten Dinge ausgemalt, hatte sie schon das Schlimmste vermutet. Nur, dass der Brief auf dem Postweg so lange auf dem Weg sein würde, damit hatte niemand gerechnet.

Währenddessen hatte sich Lena in Varese bei Zenzls Dienstherren aus Norddeutschland, wie sie sich von den Anstrengungen der langen Reise einigermaßen erholt hatte, dann recht gut eingelebt. Was nicht schwer gewesen war. Zu Zenzl hatte sie ein gutes, fast mütterliches Verhältnis aufgebaut. Gute zwei Wochen war die Cousine für die Anlernzeit noch geblieben. Während Zenzls Abwesenheit hatte sich Lena dann um den gesamten Haushalt zu kümmern: kochen, die Küche sauber halten, putzen, das Essen servieren, die Wäsche waschen und bügeln. Zur Villa gehörte ein großer, schöner Garten. Wenn auch jetzt zu dieser Jahreszeit im Oktober nicht die große Gartenarbeit anstand, so hatte sich Lena bei Bedarf doch um das eine oder andere Blumenbeet zu kümmern oder das herabfallende Laub mit einer Harke zusammenzuholen.

Untergebracht hatte man Lena bei Zenzl in deren Zimmer. Das war in Ordnung. Zu Hause hatten sich die

Schwestern eine Schlafkammer geteilt, und auf der Schaubachhütte hatte es für das Personal auch nur zwei Schlafräume gegeben, einen für die Männer, einen für die Frauen. Lena war also nicht verwöhnt. Und sie war gerne mit Zenzl zusammen. Dass diese sie bald alleine in der Villa in Varese zurücklassen würde, schreckte Lena nicht. Weder hatte sie Ängste, mit den Arbeitsanforderung nicht zurechtzukommen, noch gab es Verständigungsprobleme mit Zenzls Dienstherren. Was Lena aber schon Sorgen bereitete, war die Tatsache, dass außerhalb der Villenmauern nur italienisch gesprochen wurde. Als Hausangestellte hatte Lena natürlich die Einkäufe zu erledigen und auch sonst für Besorgungen die Villa zu verlassen.

„Ich verstehe schlecht, sage alles falsch und bringe die Wörter durcheinander", beschrieb Lena ihre Schwächen mit dem Italienischen, währende sie mit Zenzl dabei war, die zweigeschossige Treppenhalle wieder sauber zu kriegen.

„Mit der Sprache habe ich mir zuerst auch schwer getan", gestand Zenzl und musste schmunzeln bei der Erinnerung an so manchen Sprachlapsus in ihrer Anfangszeit in Varese, wie jener bei den Ordensschwestern im Kloster gleich neben der Villa ihrer Dienstherren. Das war noch in den Vierzigerjahren gewesen. Zenzls Dienstherren hatten, obwohl sehr begütert, zu der Zeit noch keinen Kühlschrank. Nicht so die Ordensschwestern. Diese hatten sich bereits ein solches sensationelles Gerät angeschafft, in dem man leicht verderbliche Lebensmittel das ganze Jahr über kühl aufbewahren und damit länger haltbar machen konnte. Man pflegte eine gute Nachbarschaft, und so gestatteten die Ordensschwestern ihren Nachbarn bei Bedarf die Mitbenützung.

„Also hat meine Chefin mich mit heiklen Lebensmitteln zu den Klosterfrauen geschickt. Ich sollte fragen, ob ich die in den Kühlschrank stellen darf", erzählt Zenzl. Natürlich habe ihre Chefin die Anweisung auf Deutsch erteilt, und Zenzl sei pflichtbewusst gleich losmarschiert. Auf dem Weg hinüber ins Kloster formulierte sie schon mal ihre Bitte auf Italienisch, damit sie dann nicht ins Stottern kam. Dass man zu Kühlschrank *frigorifero* sagt, habe sie noch nie gehört, und so übersetzte sie einfach wortwörtlich. Wie sie dann mit den Lebensmitteln vor der Klosterpforte stand, war sie sogar ein klein wenig stolz auf sich, dass sie die Wörter *fresco* für kühl und *armadio* für Schrank schon kannte.

„Was meinst du, wie es mir heute zu dumm ist, dass ich ‚*In fresco armadio, per favore!*' zu der Klosterfrau vor mir sagte. Was hat die vielleicht komisch geschaut!", wandte sich Zenzl lachend an Lena, die den Ausführungen ihrer Cousine aufmerksam gelauscht hatte. Aber, versicherte Zenzl, sie sei nie wegen eines sprachlichen Malheurs ausgelacht worden. Egal, mit welchem Kauderwelsch sie dahergekommen sei.

Fürs Erste war Lena beruhigt. Auch sie werde ihre sprachlichen Schwierigkeiten bei ausreichender Übung bestimmt in den Griff bekommen. Dafür war sie schließlich hier in Varese. Der Winter sollte reichen für die sprachliche Verbesserung, um dann in der nächsten Sommersaison mit den italienischen Gästen auf der Schaubachhütte besser zurechtzukommen. So war Lenas Plan gewesen. Was sie jetzt brauchte, war eine geeignete Arbeitsstelle. Die man über eine Zeitungsannonce bestimmt schnell finden werde, so die einhellige Überzeugung von Zenzls Dienstherren. Selbst wäre Lena nie imstande gewesen, eine entsprechende Stellensuche auf Italienisch zu formulieren. Und so war Zenzls Dienstherrin Lena nicht nur beim Formulieren behilflich, sondern auch mit dem Inserieren in der Tageszeitung vor Ort.

Wie sich die *Signori* Banchieri auf das Inserat gemeldet hatten, war Zenzl aus ihrem Urlaub bereits wieder zurück. „Wenn die genauso sind, wie meine Chefleute, dann schau zu, dass du immer pünktlich bist", ermahnte Zenzl ihre Cousine, während sie ihr beim Zusammenpacken half. Einen Charakter müsse man haben, das sei mit das Wichtigste. Dass Zenzl mit ihrer Vermutung richtig lag, ließ sich auch daraus schließen, was man Lena über ihre neue Dienstherrin, die *Signora* Banchieri erzählte. Wie diese nämlich persönlich vorbeigekommen war, um ihr Interesse an dem Südtiroler Mädel zu bekunden, das auf der Suche nach einer Dienststelle war, hatte sie ihre Erfahrung mit den Diensten einer Südtirolerin nicht unerwähnt gelassen. Annelies habe ihre Familie leider verlassen müssen, aber sie seien mit ihrer Zuverlässigkeit, Sauberkeit und ihrem Arbeitseifer sehr zufrieden gewesen, weshalb sie gerne erneut ein Mädchen aus Südtirol beschäftigen würden. Lena war damit einverstanden, es bei der *famiglia* Banchieri versuchen zu wollen.

Zenzls Dienstherrin machte sich am 1. Dezember 1955 frühmorgens mit Lena auf den Weg in die *via Ponti* 8 in *Biumo Superiore*. Dieses Vareser Stadtviertel thront oberhalb des Stadtzentrums in nordöstlicher Richtung. In *Biumo Superiore* reihen sich stilvolle Villen und historische Herrenhäuser sowie großartige Parkanlagen aneinander. Ein herrschaftlicher Ansitz im Palazzo-Stil mit großem Garten war auch das Zuhause der *famiglia* Banchieri. Den *Signore* Giuseppe Banchieri, der tagtäglich mit seinem Wagen, einem Ford Consul, nach Mailand zur Arbeit fuhr, hatte Lena *ingegnere* zu nennen. Seine Frau Sara sollte sie mit *Signora* ansprechen. Deren Kinder Luigi und Daria waren sieben und fünf Jahre alt, wie Lena ihre Arbeit als Haus- und Kindermädchen bei ihnen begonnen hatte.

Gleich wie Lena von Zenzls Dienstherrin in ihrer neuen Arbeitsstelle zurückgelassen wurde, zeigte die *Signora* ihrem neuen Dienstmädchen die weitläufige Wohnung mit den vielen Schlaf- und Aufenthaltsräumen. Sie inspizierten die Küche, warfen einen Blick in die verschiedenen Bäder und betraten den großen Saal, in dem die Familie ihre Mahlzeiten einnahm. Dafür hatte Lena den Esstisch schön mit weißem Tischtuch einzudecken und das mehrgängige Menü in weißer Servierschürze und weißem Häubchen auf dem Kopf aufzutragen. Die Wohnräume waren allesamt mit Zentralheizung versehen und mit antiken Möbeln eingerichtet. So richtig herrschaftlich, wie Lena fand.

Ihr eigenes Zimmer dagegen war ziemlich klein gehalten. Mehr als ein Bett, ein Schrank und ein Nachtkästchen fanden darin nicht Platz, aber sie hatte ein kleines Badezimmer, nur für sich allein. Wie Lena die Tür desselben öffnete, war sie durchaus beeindruckt von ihrer eigenen Toilette, ihrem eigenen Waschbecken und erst recht von der kleinen Badewanne! Sie brauchte nur den Wasserhahn aufzudrehen, und die Wanne füllte sich mit warmem Wasser. Wenn sie genug hatte vom ausgiebigen Baden, dann brauchte man nur am Stöpsel zu ziehen, und die Wanne entleerte sich wie durch Zauberhand. Was für ein Luxus! Bei ihr zu Hause in

Gomagoi hatten sie erst Anfang der 1950er-Jahre fließendes, wenn auch nur kaltes Wasser direkt ins Haus bekommen, als eine Leitung in die Küche gelegt wurde. Weder hatten sie warmes Wasser direkt aus der Leitung noch ein eigenes Badezimmer. Was ein WC mit Toilettenspülung war, hatte Lena erstmals in Varese gesehen. Ihre wenigen Habseligkeiten und Kleidungsstücke hatte sie dann schnell in ihrem Schrank und im Badezimmer verstaut, hatte ihre Schürze übergezogen und war auch schon bereit, für ihre neue Arbeitsstelle.

Bis auf das Kochen, wofür eigens eine Köchin ins Haus kam, hatte Lena sich um den gesamten Haushalt und um die beiden Kinder zu kümmern. Morgens waren sie in die Grundschule zu begleiten. Luigi ging in die dritte, Daria in die erste Klasse. Auch wenn die *Signora* anfangs noch mitging und auch ansonsten eine Engelsgeduld mit ihrem neuen Dienstmädel zeigte, wurde Lena das Gefühl nicht los, dass sie hier mit allem überfordert war. Das Leben war bei dieser italienischen Familie so anders, als jenes, das sie von zu Hause gewohnt war. Da gab es viel zu viele Dinge, die ihr unbekannt waren, die sie sich zu merken hatte. Angefangen von den vielen Straßennamen, um sich auf dem Weg zur Schule und anschließend zurück in die *via Ponti* nicht zu verirren, dann die neuen Aufgaben und Arbeitsabläufe, und das alles auf Italienisch. Was überhaupt das Schlimmste war, wie Lena schmerzlich zu spüren begann. Sie konnte sich in Italienisch schlecht ausdrücken und kapierte wenig bis nichts, wenn mit ihr gesprochen wurde. Bei niemanden nachfragen zu können, ob das, was sie verstanden hatte, auch das war, was man ihr aufgetragen hatte, ließ Lena immer verdrossener werden. So viele Gegenstände, die sie nicht benennen konnte, so viele Wörter, die ihr unbekannt waren. Sie machte so viel verkehrt. Es war fürchterlich. Dass es so schwierig werden würde, hätte sie niemals vermutet. Lena fühlte sich zunehmend unwohler in der neuen Umgebung, und immer öfter tauchte der Gedanken auf: *Hier bleibe ich nicht!*

Eben war sie mit dem Putzlumpen in der Hand Hals über Kopf in ihre Kammer gelaufen. Gerade noch rechtzeitig, ehe ihr die Tränen über die Wangen liefen. Erst hier auf ihrem Bett hatte sie sich erlaubt, loszuheulen. Nun schluchzte sie in die Kissen und fühlte sich unwillkürlich an ihre Schulzeit erinnert. Da hatte sie auch ständig weinen müssen, bei dem strengen, bösen Lehrer, den sie hatten. Der hatte nicht gespart mit Stockhieben und Faustschlägen, hatte ihnen Platzwunden zugefügt und für Blut verschmierte Gesichter gesorgt. Auch die Mädchen waren vor ihm nicht sicher. Wie ihre Schwestern Cilli und Maria. Da hatte es diese Szene gegeben, als die eine die andere lediglich um den Radiergummi gefragt hatte, ganz leise, fast unhörbar. Aber das hatte ausgereicht, dass der cholerische Lehrer gleich mit der geballten Faust der einen Schwester ein blaues Auge und der anderen mit dem Stock derart hart auf die Nase geschlagen hatte, dass ihr das Blut nur so rausgespritzt war. Als Lena das sah, war ihr fast das Herz stehen geblieben. Sie war so unheimlich eingeschüchtert von diesem Rohling und hatte fürchterliche Angst vor seinen Wutausbrüchen. Wie oft hatte sie sich gewünscht, ein klein wenig mehr so zu sein wie ihre jüngere Schwester Rosa. Die war weit schlagfertiger und nicht so schnell verunsichert. Nicht wie sie, die schüchterne Lena, die sich nichts zutraute und aus Angst, etwas nicht zu wissen, den Mund gleich gar nicht mehr aufbekam. Und wenn sie dann vor Furcht schlotterte, da liefen die Tränen einfach immer wie von selbst. Auch wenn Lena ganz bestimmt nicht mehr weinen wollte. Denn Geflenne hatte der Lehrer in seinem Klassenzimmer auf keinen Fall geduldet, weshalb er Lena sogleich raus aus der Schulbank und hinaus auf den Gang zerrte, wo er polterte: „Plärren kannst du vor der Tür!"

Zu Hause wusste man schon Bescheid, denn die Geschwister erzählten natürlich von den rauen Zuständen in der Einheitsklasse: „Der Lehrer bekommt einen Zorn, wenn die Lena, statt ihm eine Antwort zu geben, gleich zu plärren beginnt, und dann stellt er sie auch schon vor die Tür!" Wie viele Schulstunden sie auf dem Gang zugebracht hat, das brachte Lena gar nicht mehr zusammen. Geändert hatte sich das erst, als der Schuldirektor aus Stilfs, dem auch die Schule in Gomagoi unterstellt war, Lena mit völlig verheultem Gesicht draußen auf dem Gang vor der Klassentür vorfand und sie fragte, was ihr Zustand zu bedeuten habe. Lena hatte natürlich vor lauter Einschüchterung und Geheule nichts hervorgebracht außer Schluchzen. Aber da nahm der Schuldirektor sie an die Hand und betrat mit ihr das Klassenzimmer. Nachdem er Lena auf ihren Platz gesetzt hatte, wandte er sich dem Lehrer zu, um ihm gehörig die Leviten zu lesen. So gehe das nicht, erhob er seine Stimme, es sei unverantwortlich, zu den Kindern so grob zu sein, sie blutig zu schlagen oder sie heulend vor die Tür zu stellen und sich nicht mehr um sie zu kümmern! Hier einfach reine Willkür walten zu lassen, sei inakzeptabel! Er werde dem Lehrer von nun an auf die Finger schauen. Ab diesen Tag hatte sich der Direktor dann tatsächlich jeden Tag auf den Weg von Stilfs nach Gomagoi gemacht, um bei Lena in der Schule nach Recht und Ordnung zu sehen. Von da an hatte sie weit weniger Angst. Eine richtige Erleichterung war das für sie gewesen. Der Lehrer hatte sich dann vorsehen müssen, wollte er seine Stelle behalten. Jedenfalls hatte Lena ab da keine Minute mehr vor der Tür verbracht.

So wie damals vom Schuldirektor musste es doch auch jetzt in Varese Abhilfe geben, waren die Überlegungen, die sich in Lenas Traurigkeit und Heimweh mischten, wie sie auf dem Bett liegend dabei war, mit dem Putzlumpen ihre Tränen zu trocknen. Zenzl musste ihr helfen. Kaum dass ihr die Cousine eingefallen war, da lief sie auch schon hinaus in den Eingangsbereich zum Telefon, dessen Benutzung man ihr schon erlaubt hatte, und wählte die Nummer von Zenzls Dienstherren.

„Schluss! Das war's! Ich fahre nach Hause!", schluchzte Lena in den Hörer mehr, als dass sie verständlich sprach.

„Nein, *Madl*, beruhige dich erst mal", versuchte Zenzl ihre Cousine zu besänftigen.

„Wie soll ich mich beruhigen, wenn ich niemanden verstehe. Ich mache alles falsch, kenne mich nirgends aus und habe einfach nur Heimweh", erklärte Lena ihre missliche Lage.

„Am Anfang ist es immer schwer. Halte noch ein paar Wochen durch. Du wolltest ja nur über den Winter bleiben, der ist doch schnell vorbei. Du wirst sehen, es wird dir bestimmt immer besser gefallen", war Zenzl überzeugt.

Natürlich ließ sich Lena umstimmen. Was hätte sie sonst auch tun sollen? Gerade hatte ihr Bruder mit dem Bau von Stadel und Stall am Heimathof begonnen, da war es selbstverständlich, dass sie einen Teil ihres Monatslohns zur Unterstützung nach Hause schickte. Jetzt ohne Arbeit und ohne Geld wieder in Gomagoi aufzukreuzen, das stand für Lena nicht zur Wahl. Ihr blieb nur der Weg nach vorne. Sie musste die Zähne zusammenbeißen und zusehen, dass sie den Winter hinter sich brachte. Und da war ja Gott sei Dank noch Zenzl. Wenn sich auch die Villen ihrer Dienstherren recht weit voneinander entfernt befanden, so hatte die ältere Cousine doch zugesehen, dass sie einander regelmäßig an den freien Sonntagnachmittagen getroffen haben.

Gewöhnlich verabredeten sie sich auf Halbweg. Was für Lena bedeutete, sich bis zum Treffpunkt alleine in dem unbekannten Staßenwirrwarr zurechtzufinden. Das war am Anfang für sie alles andere als einfach. Sogar mehr als einmal hatte sie sich verirrt. Allen Mut hatte Lena dann zusammengenommen und einen der Straßenpolizisten, denen man unterwegs immer mal begegnen konnte, gefragt, wie sie zurück in die *via Ponti* 8 in *Biumo Superiore* käme, oder sie hielt, wenn sie auf dem Weg zum Treffpunkt mit Zenzl war, ihnen den Zettel mit der entsprechenden Adresse vor die Nase. So war sie dann doch immer wieder an das rechte Ziel gekommen. Und Lena hatte es wirklich genossen, ihre Cousine zu treffen. Bei ihr konnte sie deutsch sprechen, wenn sie ihr Herz ausschüttete. Das war ein ungemeiner Trost. Aber es war auch schön, sich in ein Café zu setzen, einen Cappuccino zu trinken oder sich ein Eis zu bestellen. Manchmal sind sie sogar gemeinsam ins Kino gegangen oder haben einen Streifzug durch die Gassen im Zentrum von Varese unternommen. Auf diese Weise hatte Lena viele Ecken dieser hübschen Stadt kennengelernt. Es kam auch vor, dass sie an den fünf Kilometer entfernten, gleichnamigen See hinausspaziert sind. Dafür benötigten sie zu Fuß keine Stunde. Und von den Temperaturen her waren dergleichen Spaziergänge das ganze Jahr über möglich. Denn im Vergleich zum meterhohen Schnee und zur Kälte, die Lena bei sich zu Hause gewohnt war, war es hier auch in den kühleren Monaten meist sehr angenehm.

Das ganze Jahr herrscht zwischen dem *lago Maggiore* und dem Comer See mildes Klima. Temperaturen unter dem Gefrierpunkt gibt es selbst im Winter nicht, auch wenn es schon kühl werden kann, und vor allem feucht, bedingt durch die Nähe zu den vielen oberitalienischen Seen. Aber Varese bleibt vom blickdichten Nebel verschont, der in Mailand vorherrscht und über den Lena die Leute klagen hörte, die regelmäßig nach Mailand zur Arbeit fuhren, wie der *ingegnere*. Jeden Tag musste der sein Hemd wechseln, weil der Hemdkragen von der starken Feuchtigkeit, die in den Wintermonaten vorherrscht, und den vielen Abgasen kohlrabenschwarz wurde. Lenas Aufgabe war es dann, diese Schwärze aus den Krägen wieder herauszubekommen. Das Sauberkriegen war eine richtig anstrengende Arbeit. Mit Bürste und Kernseife schrubbte und scheuerte sich Lena dabei die Finger wund. Aber wenigstens blieb Lena das Bügeln der Hemden, die aus einem synthetischen Material gefertigt waren, erspart. Von dieser Schrubberei an den Hemdkrägen hatte Lena bei den Zusammenkünften mit Zenzl natürlich berichtet, genauso wie davon, dass sie Daria abends vor dem Schlafengehen immer vorlesen musste. Aus dem Bilderbuch. Dabei ging das Vorlesen auf Italienisch tatsächlich immer besser. Nur, wenn Daria verlangte, dass Lena das Gelesene auch noch ins Deutsche übersetzen sollte, dann war Lena oft doch überfordert.

„Stell dir vor, dann nimmt die das Buch und läuft zum *papà!*", empörte sich Lena, die auf diese Weise erfahren musste, dass der *ingegnere* doch tatsächlich Deutsch beherrschte. Nun, von seinen Sprachkenntnissen machte Lena fortan selbst Gebrauch. Wenn immer sie tagsüber mit einem Problem die Sprache betreffend konfrontiert worden war, dann hatte sie sich die Wörter oder die Sätze aufgeschrieben und war am Abend, wenn der *ingegnere* aus Mailand wieder zurück war, damit zu ihm gegangen. Diese Möglichkeit, das musste Lena zugeben, hatte ihr das Italienischlernen doch sehr erleichtert. Mit den verbesserten Sprachkenntnissen hatte sie sich dann tatsächlich immer besser eingelebt in Varese. Wenn sie zum Einkaufen rausgehen musste, dann kam es immer seltener vor, dass sie sich wegen der Sprache Gedanken machte.

„Per me cinque etti di pane, per favore – Für mich bitte fünf Deka Brot", verlangte sie wie selbstverständlich, wenn sie morgens für frisches Brot zum Bäcker geschickt wurde. Für den *ingegnere*, der bereits um 7 Uhr das Haus verließ, musste Lena zwar das Frühstück herrichten, Kaffee, Butter, Marmelade, aber er aß immer die Reste des Brotes vom Vortag. Wie ihr Dienstherr aber das Haus verlassen hatte, da machte sie sich auch schon auf den Weg, um frisches Weißbrot für die Pausenbrote der Kinder zu besorgen. Längst hatte sich Lena daran gewöhnt, dass man hier das Brot nach Gewicht und nicht nach der Stückzahl kaufte. Und selbstverständlich verstand man unter Brot immer Weißbrot. Lena hatte dieses weiche, weiße Brot bald geliebt. Bei ihr zu Hause war das Brot meist hart, immer dunkel und selbstgebacken. Auf den Äckern hatten sie das dafür nötige Korn, Roggen und Weizen, angebaut. Alle Monate hatten sie zu Hause gebacken. Meistens *Breatlen* und ab und zu auch *Struzen*, wenn sie gerade getrocknete Feigen und Rosinen auf Vorrat hatten. Die *Breatlen* stellte man zum Haltbarmachen in ein eigenes Gestell, die Brothurt, wo sie austrocknen konnten. In der Brotgrammel wurde das harte Brot zu *Brecklen* aufgehackt, die man zum Frühstück, wenn es nicht gerade Lenas ungeliebte Brennsuppe gab, in Milch eingeweicht gelöffelt hat. Gerne mochte Lena zu Hause auch den Maisgrieß, den die Mutter zur flüssigeren Polenta oder zum porösen *Riebel* verkocht hat, aber wenn man da nicht Milch dazu getrunken hätte, dann wäre man bestimmt daran erstickt!

Lena und Zenzl mussten bei der Erinnerung an den staubtrockenen *Riebel* direkt lachen, hier in der Konditorei im Stadtzentrum von Varese, wo sie sich gerade ein Stück *Amor Polenta* schmecken ließen. Dieser fluffige, goldgelbe, zart duftende Rührkuchen, dessen Hauptzutat, Lena mochte es kaum glauben, tatsächlich Maisgrieß ist, ist das klassische Gebäck der Stadt, weshalb es auch den Namen *Dolce di Varese* trägt. Angeblich wurde es erstmals in Varese gebacken. Jedenfalls wird es hier nach wie vor nach alter Tradition in Konditoreien, Cafés, Bäckereien und Feinkostläden zubereitet. Noch ehe sie den letzten Bissen des schmackhaften, saftigen *Amor Polenta* verspeist hatten, hatte Zenzl schon einen Blick auf die Wanduhr geworfen und Lena darauf aufmerksam gemacht, dass es bald an der Zeit sei, den Heimweg anzutreten. Lena, aber auch Zenzl, bekam stets eine Uhrzeit genannt, zu der man wieder zurück im Dienst zu sein hatte. Und das nach all den Jahren, die Zenzl schon bei ihren Dienstherren war! Nach wie vor hatte sie beim Verlassen der Villa abzuwarten, welche Uhrzeit ihr für die Rückkehr angesagt wurde. Im Sommer mussten die Frauen meist so gegen 19 Uhr zurück sein, im Winter selbstverständlich noch ehe es dunkel geworden ist, und das war dann spätestens um 17 Uhr. Lena hätte es nie gewagt, sich nicht an diese Vorgabe zu halten. Denn die Pünktlichkeit war mit das Wichtigste, worauf die *Signori* Banchieri geachtet hatten. Pünktlichkeit war gleichbedeutend mit Zuverlässigkeit. Lena konnte sich gut vorstellen, wäre sie in der Beziehung nicht zuverlässig gewesen, hätte man ihr womöglich die paar Freistunden am Sonntagnachmittag untersagt. Das wäre durchaus denkbar, zumindest hatten sie Lena gegenüber immer betont, dass sie sich für ihr Dienstmädchen verantwortlich fühlten, im Grunde genauso wie für ihre Kinder. Deshalb hatte Lena auf Zenzls Hinweis auch zugesehen, dass sie sich auf den Heimweg machte. Sie wurde ja von der *famiglia* erwartet.

Das Abendessen musste von ihr serviert werden, und hinterher hatte sie alles wieder abzuräumen und der Köchin beim Abwasch in der Küche behilflich zu sein. Und wenn Daria sich die Bilder der Gutenachtgeschichte dann nicht nur ansehen wollte und sich mit dem Vorlesen der kurzen Bildtexte begnügte, sondern auch wieder alles ins Deutsche übersetzt haben wollte, dann hatte Lena sich sogar zu sputen. Etwas Schlaf hatte sie selbst auch nötig, ehe am nächsten Morgen der Arbeitstag für Lena wieder zeitig mit der Zubereitung des Frühstücks für den *ingegnere* begann, gefolgt vom Gang zum Bäcker und das Begleiten der Kinder in die Schule. Die zu Mittag von Lena wieder abgeholt wurden, um zu Hause das von Lena servierte Mittagessen einzunehmen. Anschließend ging sie mit den Kindern für den Unterricht am Nachmittag wieder in die Schule. Zum Schulende um 16 Uhr ist die *Signora* Sara auch gerne mal mit ihrem eigenen Auto, einem Fiat 600, zur Schule gefahren, um die Kinder abzuholen. Manchmal fuhr Lena natürlich auch mit, dann, wenn sie hinterher noch in den *supermercato*, in den Supermarkt, zum Großeinkauf gefahren sind. Ab und zu hatte sich Lena bei solchen Gelegenheiten auch selbst etwas gekauft.

Einen Lohn, der mit 30.000 Lire durchaus großzügig war, hatte Lena, seit sie bei der *famiglia* Banchieri im Dienst war, sogar monatlich ausbezahlt bekommen. Nicht wie auf der Schaubachhütte, wo man ihnen das Geld erst bei Saisonschluss ausgehändigt hatte. Pünktlich am Ersten jeden Monats hatte der *ingegnere* Lena das Bargeld abgezählt, genauso wie Lena ab dem ersten Arbeitstag auch regulär gemeldet worden ist. Auch das war eine Wertschätzung ihrer Dienste, fand Lena. Aber nicht nur der Lohn, den sie für ihre Arbeit bekam, und die Sozialbeiträge, die für sie einbezahlt wurden, stimmten Lena zusehends zufriedener. Alles schien mit jedem Tag, der verstrich, einfacher, ja direkt angenehm zu werden.

Mit dem Sprachverständnis hatte sie immer weniger Schwierigkeiten, das Verlaufen bei den vielen, fremden

Straße kam so gut wie nicht mehr vor und die diversen Arbeitsgänge im Haus wurden ihr immer vertrauter. Aber vor allem waren ihr die Kinder ans Herz gewachsen. Auch Daria schien einen Narren an ihrem Kindermädchen gefressen zu haben, auf jeden Fall hatte sie verlangt, dass sie die gleiche Haartracht wie Lena, die selbstverständlich eine *Gretl-Frisur* trug, haben wollte. Niemand der Vareser Bürgerinnen trug ihr Haar zu Zöpfen geflochten, aber Daria verlangte: „Voglio trecce come Lena! – Ich will Zöpfe wie Lena!" Also erlaubte die *Signora* ihrer Tochter das Haar wachsen zu lassen. Lena war darüber nicht wirklich erfreut, nicht, weil sie dem Mädchen, das tatsächlich schönes, fürs Einzopfen bestens geeignetes Haar hatte, die Zöpfe nicht gegönnt hätte. Sondern, weil das Einzopfen selbstverständlich von Lena am Morgen vor der Schule übernommen werden musste, und Lena hatte auch ohne diese Mehrarbeit schon genug zu tun. Aber natürlich fügte sie sich dem Willen des Mädchens. Und sie hatte auch ihre Freude, wenn sich Daria dann mit ihren schönen, dicken Zöpfen ganz stolz an der Hand von Lena führen ließ und einen jeden, dem sie begegneten, auf ihre schöne, geflochtene Haarpracht aufmerksam machte. Lachend gingen sie dann an den Fremden vorbei, die nicht ohne Bewunderung die schönen Zöpfe lobten. Die von Daria, aber auch die von Lena.

Dann kam das erste Weihnachten. Das erste Weihnachten, an dem Lena nicht zu Hause in Gomagoi bei der Mutter und den Geschwistern war. So sehr sie sich auch zusammen nahm und versuchte, sich auf die schönen Momente hier in Varese zu konzentrieren, so verdross es Lena doch zusehends, je näher der Heiligabend rückte. Sie war so weit weg von daheim. Hier war alles anders, als sie es gewohnt war. Ihr wurde ganz klamm ums Herz, als sie mithalf, den prächtigen Weihnachtsbaum in dem großen Saal, der richtig festlich hergerichtet wurde, zu schmücken. Der Mutter hatte sie schon einen langen Brief geschrieben, worin sie dennoch versichert hatte, dass es ihr gut gehe, dass sie gut zurecht komme. Sie hatte vom Weihnachtstruthahn geschrieben, den man hier mit Kastanien gefüllt seit alters her zu Weihnachten verspeiste. Wie sie den traditionellen Mailänder Weihnachtskuchen, den *panettone*, der Mutter näher beschrieb, da rannen ihr dann doch ein paar Tränen auf das Briefpapier. Das Beschreiben der Weihnachtsgerichte hatten sie unweigerlich an die Gerichte denken lassen, die es immer bei ihnen zu Hause an Weihnachten gab. Besonders die Krapfen hatten sie alle immer so gerne gegessen. Schon Wochen vorher hat man für die Füllung die Zutaten hergerichtet. Die Marmelade war selbst eingekocht worden, die Nüsse waren zu knacken und zu zerkleinern, die getrockneten Feigen klein zu schneiden. Wie dann der Teig angerührt wurde, da stieg auch die Vorfreude auf das nahe Fest. Sie, die Schwestern, hatten der Mutter alle geholfen, beim Ausrollen des Teiges zu dünnen Blättern, die zu Rechtecken geschnitten wurden. Die einen haben die verschiedenen Füllungen darauf verteilt, die anderen haben die Teigblätter gut zusammengedrückt. Wie die Krapfen dann im heißen Öl goldig ausgebacken wurden, da verteilte sich sogleich der herrliche Krapfenduft im ganzen Haus. Und jeder wusste, jetzt ist Weihnachten.

Lena ergriff ihr Taschentuch und wischte sich die Tränen ab. Als sie auf den Brief blickte, erkannte sie den

Schlamassel, den ihre Tränen angerichtet hatten. Notdürftig versuchte sie die letzten nassen Flecken mit dem Taschentuch aufzusaugen, was aber das Verblassen einiger Buchstaben dann doch nicht mehr verhindern konnte. Lenas Mutter musste das verräterische Briefpapier dann jedoch richtig gedeutet haben, denn Lena glaubte ihren Augen nicht zu trauen, als am Morgen des Heiligabends ein Paket mit der Post für sie abgegeben wurde. Ein Paket bis zum Rand gefüllt mit Weihnachtskrapfen von zu Hause! Lena konnte ihre Tränen wirklich nicht mehr zurückhalten vor Freude und vor Heimweh.

Den *Signori* Banchieri war die traurige Stimmung ihres Dienstmädchens natürlich nicht verborgen geblieben, auch ohne die Krapfen-Tränen nicht. Deshalb hatten der *ingegnere* und die *Signora*, um Lena etwas abzulenken, bereits im Vorfeld angedeutet, dass sie in der Christnacht mit ihr und den Kindern etwas Besonders vor hatten. Lena wusste um die Mühe, die sich ihre Dienstherren machten, damit es ihr an nichts fehlte, weshalb sie zusah, sich zusammenzunehmen, um wenigstens den anderen das Weihnachtsfest nicht zu verderben. Nicht wenig verwundert war Lena aber dann doch, als der *ingegnere* am späten Nachmittag allen auftrug, sich ausgehfein herzurichten. Giuseppe Banchieri fuhr seinen Ford Consul vor, ließ alle einsteigen und die gesamte Familie machte sich samt Kindermädchen auf den Weg in den Mailänder Dom. Die etwas mehr als 60 Kilometer bewältigten sie in weniger als einer Stunde. Der *ingegnere* schien sich in der für Lena absolut nicht überschaubaren Straßenanordnung in Mailand bestens zurechtzufinden und parkte den Wagen unweit der gewaltigen Kathedrale, dem Wahrzeichen der Stadt. Lena war sehr beindruckt von dem herrlichen, übergroßen Gotteshaus.

Der *ingegnere* hatte noch im Wagen erzählt, dass es am Heiligen Abend im Dom auch immer eine Messe in deutscher Sprache gäbe, und diese wollten sie nun gemeinsam mit Lena besuchen. Lena kamen, als sie sich des Wohlwollens der *famiglia* Banchieri gewahr wurde, vor Rührung beinahe wieder die Tränen, sie war einfach nahe am Wasser gebaut, aber sie riss sich zusammen. Bei dem ganzen Gedränge, das im Dom herrschte, hatten sie ohnehin zuzusehen, dass sie einander nicht verloren. Wie sie dann endlich freie Plätze gefunden hatten, konnte Lena sich etwas beruhigen und das herrliche Kircheninneren bestaunen. Alles war so übergroß, überhoch und überdimensional in dieser Kirche.

In Varese war sie natürlich auch jeden Sonntag in die Kirche gegangen, auch wenn die Messen dort auf Latein mit gelegentlichen Abschnitten in Italienisch gelesen wurden. Die Kirche in Varese war aber bei Weitem nicht so beeindruckend wie der Mailänder Dom, aber dafür war sie nur wenige Schritte von der *via Ponti* entfernt. Von der *famiglia* Banchieri hatte sie dennoch nie jemand zur Messe begleitet. Lena verstand, dass man hier nicht so verbunden mit der Religion lebte, wie sie das von zu Hause gewohnt war. Als eigenartig empfand sie allerdings die Kopftücher, die sich die Frauen, ehe sie die Kirchen betraten, umgebunden haben. Das kannte sie von Gomagoi gar nicht, und so kam es ihr auch nie in den Sinn, sich selbst ein Kopftuch umzubinden. Auch nicht zur Messe am Heiligen Abend im Dom von Mailand, wo Lena andächtig auf ihrem Platz sitzend allmählich ihren Frieden fand. Wenn sie schon nicht zu Hause sein konnte an diesen Weihnachtstagen, dann konnte sie wenigstens ihre Gedanken auf ihre Lieben zu Hause konzentrieren. In tiefer Verbundenheit mit ihrer Familie betete sie ergriffen jedes Gebet der heiligen Messe mit. Auch jedes Lied, das in deutscher Sprache angestimmt wurde, war wohltuend und linderte allmählich jedes Gefühl von Traurigkeit. Als dann auch noch Stille Nacht hell und laut im ganzen Dom zu hören war, durchfuhr Lena ein wohlig warmes Gefühl.

Noch ganz berauscht von den vielen, wunderbaren Eindrücken im Mailänder Dom saß Lena auf der Rückbank des Ford Consul neben den Kindern Daria und Luigi. Die ganze Fahrt über hatte sie nicht das Bedürfnis, etwas zu sagen. Wie sie schweigend ihren Blick aus dem Fenster auf die vorbeiziehende, nächtliche Landschaft richtete, spürte sie einfach nur dieses beglückende Gefühl von Zufriedenheit.

Am nächsten Morgen wurde der erste Weihnachtstag in der Familie festlich begangen. Die Köchin war zeitiger erschienen als an den Werktagen, da sie für das Festmenü die *agnolotti*, die man in der Suppe servierte, frisch zubereiten wollte, sowohl den Teig wie auch die Füllung. Für diese musste der Kapaun, aus dem bereits die Suppe gekocht worden war, in wenige Millimeter große Stückchen zerkleinert und mit allerlei Zutaten vermischt werden. Die verschiedenen Beilagen waren herzurichten, die in Butter geschwenkten Kartoffel, den gratinierten Fenchel, den sautierten Radicchio. Viel Aufmerksamkeit und Geschick verlangten der mit Kastanien gefüllte Truthahn. Die Zubereitung der

Füllung war aufwendig. War der Truthahn geputzt, gewürzt und mit Kastanien, Nüssen, Pflaumen sowie zerkleinertem Bauchspeck gut gefüllt, wurde er fest mit Spagat verschnürt und für mindestens drei Stunden in den Ofen geschoben. Während die Köchin in der Küche alle Hände voll zu tun hatte, ging es Lena im großen Saal nicht viel anders. Sehr gepflegt ging es immer zu am Esstisch der *famiglia* Banchieri, aber am Weihnachtstag wurde das Zeremoniell noch um einiges übertroffen. Lena faltete die Servietten, betrieb einen Heidenaufwand mit der Tischdekoration, sah zu, dass ausreichend Besteck und Teller eingedeckt und die Anrichtekredenz mit den zum Servieren nötigen Utensilien ausgestattet war. Wie die Hausglocke ertönte, lief Lena gleich los, um die große Eingangstür zu öffnen. Die *Signora* hatte von dem großen Weihnachtskuchen, dem *panettone*, der in der Konditorei bestellt und eigens für das Fest geliefert wurde, schon erzählt. Aber Lena war von der Größe dann doch überrascht. Auf jeden Fall duftete er herrlich. Vorsichtig stellte sie den übergroßen Festtagskuchen auf die Kredenz, um ihn schön präsentieren zu können, bis es soweit war, ihn als Nachtisch zu servieren. Beim Abstellen hatte Lena schon einige Schwierigkeiten, weil der *panettone* auf dem großen, runden Silbertablett recht schwer und die Kredenz für Lenas Größe eine recht hohe Ablage hatte. Aber sie hatte alles gut hinbekommen.

Die Familie erschien zum Festessen, und Lena begann, die frischen *agnolotti* auf den tiefen Tellern zu verteilen, anschließend schüttete sie die klare Kapaun-Suppe darüber. Wer wollte, bekam Nachschlag. Mehrmals machte Lena auch mit dem Brotkorb die Runde um den Tisch.

Jeder, der es verlangte, bekam ein Weißbrötchen auf seinen eigenen Brotteller, den Lena selbstverständlich eingedeckt hatte. Sie räumte die Suppenteller ab und begann alles für den Hauptgang herzurichten. Während sich die Familie das Festmahl schmecken ließ, hatte Lena durchaus viel zu tun, mit dem Abräumen und Servieren. Fast unentwegt lief sie mit schmutzigem Geschirr hinüber in die Küche, um mit vollen Beilagenschüsseln zurückzukommen. Wiederholt machte sie auch die Runde um den Tisch mit der Hauptspeise, dem gefüllten Truthahn. Schließlich meinte der *ingegnere*, nun seien alle satt, sie könne den Hauptgang abräumen und beginnen, den Tisch für den Nachtisch, den *panettone* einzudecken.

Lena war das Aufblitzen in den Augen von Luigi und Daria beim Wort *panettone* nicht entgangen. Lange hatten die Kinder warten müssen, bis es endlich Zeit war für den herrlichen Weihnachtskuchen. Seinen Duft hatte er, präsentiert auf der Kredenz, natürlich unentwegt verströmt, sodass den Kindern schon längst das Wasser im Mund zusammengelaufen war. Lena war sich deshalb des entscheidenden Moments durchaus bewusst und wollte auf keinen Fall einen Fehler machen. Ganz konzentriert trat sie vor die Kredenz und streckte ihre Arme etwas in die Höhe. Mit beiden Händen hielt sie das Silbertablett fest, um es von der hohen Ablage herunterzuholen. Wie sie, das Tablett etwas über ihren Körper balancierend, dann dastand, musste sie irgendwie in Schieflage gekommen sein, aufgeregt wie sie war. Denn von Lena völlig unbemerkt hatte sich der *panettone* in Bewegung gesetzt, war hinter ihr langsam ins Rutschen gekommen und landete platschend auf dem Boden. Entsetzt starrte sie, das leere Tablett in Händen haltend, auf den zermantschten Kuchenhaufen hinter ihren Füßen. Wie war ihr das Malheur zu dumm! Als sie sich wieder etwas gefangen hatte, begann sie unter lauter Selbstanklage notdürftig, die Reste zusammenzukratzen, darauf hoffend, das nicht der ganze Weihnachtskuchen verdorben war. Aber anstelle von schallendem Lachen oder eines Gezeters über ihre Ungeschicklichkeit, hörte sie nur beruhigende Worte von Seiten der *Signori*. Das sei alles halb so schlimm, sie solle sich nur nichts daraus machen, wesentlich ärger wäre es gewesen, sie hätte sich mit der heißen Suppe verbrüht, und so einen *panettone* könne man schließlich jederzeit nachkaufen. Lena ließ sich dann doch beruhigen. Die *Signori* hatten so verständnisvoll reagiert, dass Lena sichtlich gerührt war. Sie wurde so gut behandelt, und das eigentlich vom ersten Tag an. Ihr Wunsch, so schnell wie nur möglich wieder aus Varese fortzukommen, gehörte längst der Vergangenheit an. Ihr ging es gut bei der *famiglia* Banchieri, das hatte sie inzwischen oft genug festgestellt. Auch, dass das Heimweh nicht mehr so drückte, war eine große Erleichterung für Lena. Nun bot sich ihr die Möglichkeit, die vielen neuen Eindrücke und Erfahrungen richtig zu genießen und nicht nur zuzusehen, dass die Zeit schnell vorbei war.

Wie es dann auf den Sommer zuging, war es an Lena, der die Zeit viel zu schnell verging. Da sie ursprünglich ja nur ein Dreivierteljahr bleiben wollte, um mit guten Italienischkenntnissen auf die Schaubachhütte zurückzukehren, wäre ihre Arbeitszeit in Varese eigentlich mit Ende Juni beendet gewesen. Aber genau das wollte Lena nun überhaupt nicht mehr. Auch Luigi und besonders Daria bettelten das Hausmädchen fast unentwegt ums Bleiben an. *Eigenartig*, dachte Lena, *zuerst habe ich geheult vor Heimweh, und jetzt ertrage ich den Gedanken ans Fortgehen nicht mehr!* Wie die Kinder und Lena nicht mehr aufhörten, sich gegenseitig zu bemitleiden, da unterbreitete der *ingegnere* seinem Hausmädchen ein Angebot. Sie solle, da sie auf der Schutzhütte ihr Kommen bereits zugesagt hatte, den Sommer über nach Hause fahren. Wenn Lena verspreche, dass sie zuverlässig Ende September zu Schulbeginn wieder in Varese sein werde, dann würden sie auf sie warten, meinte der *ingegnere* lächelnd, während er Lena das Blatt Papier zuschob mit der Bitte, ihr Versprechen zu unterschreiben. Lena blickte erleichtert über dieses Angebot in die Augen ihres Dienstherren, nahm dankend den Stift entgegen und setzte ihre Unterschrift unter die Zeilen.

Nun saß Lena Ende Juni 1956 im Direktbus, der sie in nur knappen fünf Stunden von Varese nach Gomagoi bringen wird. Insgeheim war sie ein klein wenig froh, dem warmen Sommer zu entgehen, denn die Hitze in Varese hatte ihr schon etwas zugesetzt. Solche hohen Temperaturen war sie, das Bergmädel, gar nicht gewöhnt. Und sie freute sich auf zu Hause. Beschwingt saß sie im Bus und genoss die Aussicht, als sie am Comer See entlang fuhren. In Sondrio würde es eine Haltestelle geben, und in Bormio. Dann würde es hinauf gehen über das Stilfser Joch und von dort hinunter nach Trafoi, und schließlich würden sie Gomagoi erreichen, wo die Mutter und die Geschwister bestimmt schon sehnlichst auf sie warten werden. Es war ihr erstes Wiedersehen nach fast einem Jahr.

Im darauffolgenden Sommer, Lena hatte vorsorglich nicht mehr zugesagt, dass sie die Saison auf der Schaubachhütte als Bedienung arbeiten werde, hatte die *famiglia* Banchieri dann Pläne für einen gemeinsamen Urlaub am Meer. Luigi und Daria freuten sich ungemein, dass auch Lena mit ihnen nach Portofino an die ligurische Küste kommen werde. Die große Ferienwohnung, die die *Signori* gemietet hatten, befand sich im etwa fünf Kilometer vor Portofino liegenden renommierten Ferienort Santa Margherita Ligure, das von den Einheimischen kurz „Santa" genannt wird. Lena hatte keine Vorstellung, was es mit dem Meer auf sich hat, und einen besonderen Wunsch, dorthin zu fahren, hatte sie auch nicht verspürt. Aber natürlich war sie gerne mit der *famiglia* Banchieri mitgefahren.

Varese war ihr zweites Zuhause geworden. Sie fühlte sich gut aufgehoben bei ihrer Dienstfamilie, war an ihre Aufgaben und den Alltag gewöhnt. Mit Zenzl traf sie sich gewöhnlich an den Sonntagnachmittagen. Dieser Austausch mit der Cousine tat Lena nach wie vor gut, aber er war längst nicht mehr nötig, um ihr Heimweh und ihre Traurigkeit zu mildern. Im Gegenteil. Traurigkeit hätte sich bei Lena bemerkbar gemacht, wenn sie nicht weiterhin bei ihrer Familie in Varese hätte bleiben dürfen. Und da es der Wunsch der *Signori* war, dass Lena mit ihnen den Sommerurlaub am Meer verbrachte, war Lena diesem Wunsch selbstverständlich nachgekommen.

Schon Wochen vor der Abreise hatte sie der *Signora* Sara eifrig beim Packen geholfen, war mit ihr in die Warenhäuser gegangen, um für die Kinder Badehosen, Sonnenhüte und leichte Sommerkleidung zu besorgen, hatte zugesehen, dass zu Hause alle Vorkehrungen für ihre einmonatige Abwesenheit getroffen wurden und war schließlich dem *Signore* beim Verstauen der vielen Koffer im Gepäckraum des Ford Consul behilflich. Die Anreise war recht unproblematisch verlaufen. Die etwa 230 Kilometer bis zum Ziel brachten sie in gut drei Stunden hinter sich. Wie sie die Wohnung in Santa bezogen hatten, machte sich die *Signora* auch schon auf den Weg, um mit Lena frisches Brot und frischen Fisch sowie Gemüse für das Abendessen zu besorgen. Im Urlaub kochte die *Signora* selbst, und Lena hatte ihr dabei natürlich zur Hand zu gehen. Sie war auch zuständig für das Bettenmachen, das Reinigen der Schmutzwäsche und das Putzen der Wohnung, genauso wie es ihr oblag, das Essen zu servieren.

Ihre Hauptaufgabe bestand während des Meeraufenthalts aber in der Beschäftigung von Daria. Darias Haut reagierte allergisch auf Meerwasser, weshalb es ihr nicht erlaubt war, mit ihren Eltern und dem Bruder Luigi am Strand zu spielen und im Wasser zu plantschen. Also machten Daria und Lena Spaziergänge. Ausgiebige Spaziergänge. Vor dem Mittagessen machten sie eine große Runde und nach dem Mittagessen, wenn sich der Rest der Familie wieder an den Strand legte, gingen sie erneut los. Häufig führte sie ihr Weg direkt am Meer entlang hinüber nach Portofino, in dieses malerische, alte Fischerdorf. Immer mal wieder blieben sie stehen, um einen Blick auf das glitzernde Wasser in einer der vielen Badebuchten zu werfen oder den vielen Urlaubern und Tagesgästen beim Schwimmen zuzusehen. Wagte sich ein besonders Mutiger ein paar Klippen hinauf, um dann mit einem Kopfsprung ins Meer einzutauchen, dann hielt Daria Lena zurück, damit diese das Spektakel ja nicht versäumte. Lena drückte zwar ihr Erstaunen über so viel Kühnheit aus, aber das Meer konnte ihr nicht wirklich viel abgewinnen. Es wäre Lena auch nie in den Sinn gekommen, das Schwimmen selbst zu versuchen. Nein, da kam ihr die Allergie des Mädchens gar nicht so ungelegen, denn viel lieber als am Wasser zu sein, war sie mit Daria zu Fuß unterwegs. Und so sind sie die ganze Gegend abgewandert. Daria hatte sich inzwischen auch eine recht gute Kondition antrainiert, sodass sie selbst anstrengendere Wege nicht zu scheuen brauchten. Wenn ihnen die Hitze zu sehr zusetzte, dann haben sie sich einfach in einer der vielen Parkanlagen auf eine Bank in den Schatten gesetzt und sich unterhalten. Besonders Daria liebte es, zu reden und zu erzählen. Sie hatte praktisch ständig den Mund offen, weil sie Lena alles mitteilen musste, was ihr gerade in den Sinn kam. Egal, ob sie dabei waren, eine Runde zu drehen, oder ob sie sich auf einer Bank im Schatten vor der Hitze schützten.

Das unangefochtene Lieblingsthema von Daria, aber auch von Lena, waren die Sissi-Filme. Gleich wie der erste Film, „*La principessa* Sissi – Prinzessin Sissi", in Varese im Kino gezeigt wurde, waren sie zusammen mit Luigi in die Vorstellung gegangen. Natürlich war der Film in italienischer Sprache, aber das tat der unbeschreiblichen Bewunderung, die Lena für diesen herrlich romantischen Film über das Leben der jungen Prinzessin aus Bayern, die Kaiserin von Österreich wurde, keinen Abbruch. Und nun hatten sie bereits den zweiten Teil „Sissi – *La giovane imperatrice* – Sissi – Die junge Kaiserin" im Kino ansehen dürfen. Sowohl

Daria, aber auch Lena kamen aus dem Schwärmen nicht mehr heraus, wann immer ihnen die Prachtkostüme, die wunderschönen Schauspieler oder das beindruckende Hofzeremoniell in den Sinn kamen. Der Gesprächsstoff ging ihnen somit nie aus, ob beim Sitzen im Schatten oder bei den ausgiebigen Spaziergängen.

Wenn sie mal keine Lust hatten auf eine Wanderung, den Küstenberg hinauf oder an der Meerespromenade entlang, dann genossen es Lena und Daria auch, die Straßen und Gassen von Santa zu erkunden. Wie sie da vor einer der Auslagen standen und die feilgebotene Ware begutachteten, da sah Lena aus dem Augenwinkel drei Frauen auf sie zukommen, die sofort ihre Aufmerksamkeit erregten. Lena war noch dabei ihren Augen nicht zu trauen, wie eine der Frauen erfreut auf Deutsch ausrief: „Ja, Lena, was machst du denn hier?"

„Ich glaub's nicht! Die Bruni, die Vefa und die Lina!", schlug Lena ihre Hände zusammen, als sie die drei Stilfserinnen Brunhilde, Genovefa und Karolina zweifelsfrei erkannte. Stilfs liegt keine drei Kilometer von Gomagoi entfernt. Ihre Nachbarinnen ausgerechnet hier an der ligurischen Küste zu treffen, glich dem Auffinden einer Nadel im Heuhaufen! Die vier Frauen fielen einander in die Arme. Die Stilfserinnen waren hier, um über die Sommersaison gutes Geld in einem der vielen Hotels in Santa Margherita Ligure zu verdienen. Zum Bedienen, in der Küche oder für das Putzen der Zimmer wurden viele Arbeitshände gebraucht, und die Bezahlung war wesentlich höher als bei ihnen zu Hause. Nun, da die Frauen voneinander wussten, machten sie sich regelmäßig was aus. Daria war bei den

Treffen selbstverständlich immer mit dabei. Sie stand brav neben Lena oder hockte sich auf deren Schoß, während sie interessiert dem fremden Klang der Sprache lauschte, in der sich die vier Frauen so lebhaft unterhielten. Aber viel Zeit für eine gemütliche Plauderei hatten Lina, Vefa und Bruni ohnehin nie. Ihnen blieb nur die Zimmerstunde zur freien Verfügung, und die wenigen Stunden am Nachmittag waren schnell vorüber. Aber um ein Eis zusammen zu essen, sich in ein Café zu setzen und einen Cappuccino zu trinken, reichte die Zeit allemal. Und die Frauen nutzten sie für eine schnelle Unterhaltung. Oder sie setzten sich einfach auf eine Bank vor einem der Hotels, in dem eine der Frauen gearbeitet hat. Das ermöglichte es den Frauen, die Zeit miteinander bis zur letzten Minute auszukosten, ehe sie wieder zurück zur Arbeit mussten.

Früher, als sie noch Kinder waren, hatten sie einander regelmäßig gesehen, aber seit damals war viel Zeit vergangen, und ihre Zusammenkünfte waren äußerst selten geworden. Ihr Wiedersehen in Santa war für alle überaus erfreulich. Besonders Lena, der es am Meer zunehmend die Laune vermieste, hatten die gemeinsamen Treffen geholfen. Als es für die *famiglia* Banchieri Zeit war, nach Varese zurückzukehren, ging ihr der Abschied von Vefa, Bruni und Lina deshalb doch nahe, wenngleich sie ansonsten nicht traurig war, abzureisen. Das Wasser war einfach nicht ihr Element. Sie war in den Bergen geboren, und wenn sie sich von etwas hingezogen fühlte, dann waren das hohe, imposante Berge. Hin und wieder drückte es schmerzlich in Lenas Brust, wenn sie an die Berge bei sich zu Hause dachte. Die gingen ihr wirklich ab.

Aber vorerst war nicht daran zu denken, für einen längeren Aufenthalt nach Hause zu ihren geliebten Berge zu kommen. Noch im Herbst eröffnete ihr die *Signora*, dass sie ihr drittes Kind erwartete, und sie ließ Lena da schon wissen, dass sie und ihr Mann, der *ingegnere*, sich wünschten, Lena möge im kommenden Jahr, wenn das Kind zur Welt kommen sollte, auf ihren Heimurlaub gänzlich verzichten. Jemand sollte immer in der Nähe von Luigi und Daria sein, wenn sie selbst vollauf mit dem Säugling beschäftigt sein würde. Lena sei für die Familie einfach unentbehrlich. Wie der kleine Guido dann geboren war, da war es hauptsächlich Lena, die sich um die Säuglingspflege gekümmert hat, während sie nebenbei auch noch zusah, dass Luigi und Daria zur Schule begleitet und von dort auch wieder abgeholt wurden. Die *Signora* hatte sich viel und ausgiebig zu erholen, da war es wirklich gut, dass Lena rund um die Uhr für die *famiglia* Banchieri da gewesen ist. Das ganze Jahr 1958 über. Unterbrochen. Bis auf die vier Tage im Mai, an denen der *ingegnere* und die *Signora* wohl oder übel auf ihr Haus- und Kindermädchen verzichten mussten.

Im Zuge der Parlamentswahlen, die am 25. und 26. Mai abgehalten wurden, mussten sie Lena frei geben, damit diese die Gelegenheit bekam, in ihre Heimatgemeinde zu reisen und ihrer Wahlpflicht nachzukommen. Natürlich machte sich Lena auf nach Gomagoi, pflichtbewusst wie sie war, und dass die Kosten für die Hin- und Rückfahrt vom italienischen Staat übernommen wurden, bot zudem einen kleinen Anreiz. Rechtzeitig hatte man Lena schon ihren Wahlzettel per Post zugeschickt. Dieser ersetzte gewissermaßen die Fahrkarte, denn der Wahlzettel war, um für die Fahrt nicht nachträglich zur Kasse gebeten zu werden, sowohl bei der Hinfahrt als auch bei der Rückfahrt am Startbahnhof und erneut am Zielbahnhof abzustempeln. War der erste Stempel auf dem Wahlzettel angebracht, war dieser vier Tage lang für die Rückfahrt gültig.

Als Lena am 24. Mai zeitig von der Villa in der *via Ponti* 8 aufgebrochen ist, war sie noch guter Dinge. Zu Fuß ging sie schnellen Schrittes, sodass sie keine halbe Stunde benötigte, um den Bahnhof von Varese zu erreichen. Obwohl es noch recht früh am Morgen war, wartete schon eine beachtliche Menschenschlange vor den Fahrkartenschaltern. *Das wundert mich nicht*, dachte Lena. Ihr war klar, dass alle, die fern ihrer Heimatorte auf einem Dienst waren, vom Kurzurlaub und vor allem von der Gratisfahrt profitieren wollten. Also stellte sie sich geduldig an, bis sie an der Reihe war, ihren Wahlzettel abstempeln zu lassen. Es war schon recht voll im Zug, als sie von Varese losfuhren. Aber das war erst der Anfang. Auf dem Weg nach *Milano Cadorna* gibt es 13 Zwischenstopps, und an jedem Bahnhof, an dem der Zug hielt, stiegen neue Passagiere zu. Es wurde enger und enger in Lenas Abteil und im ganzen Zug. Sie war richtig froh, als sie Mailand erreichten. Aber sie hatte sich zu früh gefreut. Viel zu früh. Am *Milano Cadorna* wimmelte es nur so von Menschen, die anscheinend alle auf den Mailänder Hauptbahnhof wollten, um von dort in die entsprechenden Züge zu steigen, die sie zum Wählen nach Hause brachten. Überall wurde man herumgeschoben, zur Seite gedrückt, zusammengequetscht. Aber das ganze Gedränge bisher war alles nur ein Vorspiel auf das, was sie auf dem *Milano Centrale* erwartete.

Guter Gott, hilf mir!, betete Lena leise in sich hinein, während sie Angst hatte, auf dem zum Bersten vollen Bahnhofsareal erdrückt zu werden. Ein halbwegs normales Fortkommen war längst nicht mehr möglich. Dicht an dicht drängten sich unmöglich viele Menschen. In den Bahnhofshallen, auf den Bahngleisen, in den Zügen und sogar auf den Zügen. Menschen haben einander in die geöffneten Zugfenster regelrecht hineingedrückt, weil die Türen schon komplett mit Reisenden zugestopft waren. Lena stand völlig zerquetscht zwischen einer Unmenge von Leuten auf der kleinen Plattform im Zugwaggon, gleich hinter der Einstiegstreppe. Mehrmals glaubte sie, keine Luft mehr zu bekommen, es war so unglaublich voll um sie herum, und noch immer wurden Leute durch die geöffneten Zugfenster in die Waggone gedrückt. Die Fahrt von Mailand nach Verona war mit das Schlimmste, was Lena bisher in ihrem Leben erlebt hatte. Es war einfach nur schrecklich! Inmitten von so vielen Leuten. An jedem Bahnhof, an dem der Zug hielt, wurden weiter Menschen in die Waggone gestopft. Um Lena herum wurden immer wieder Leute ohnmächtig, was keinem richtig auffiel, weil sie dichtgedrängt wie die Ölsardinen einander am Umkippen hinderten. Es war einfach nur grauenvoll! Am Hauptbahnhof in Verona bot sich ihnen das gleiche Bild. Überall unzählige Menschen, dicht an dicht gedrängt. Weiter kam man nur, indem man weitergeschoben wurde. Weder wäre es möglich gewesen zu stoppen noch einen Richtungswechsel einzuschlagen. Also ließ sich Lena im Menschenstrom mitführen, hinunter in die Unterführung, wo es immer voller wurde. So viele Menschen überall! Als Lena drauf und dran war, den Verstand zu verlieren, wurde sie gewahr, dass das Menschengedränge um sie herum ganz leicht nachgelassen hatte. Der überwiegende Teil der Menschenmassen machte sich auf in Richtung Süden. Sie stand auf dem Bahnsteig in nördliche Richtung. Es waren zwar noch immer ungewöhnlich viele Menschen um sie herum, aber es schien sich zu lichten. Je weiter sie herauf in den Norden kam, desto leerer wurden auch die Zugabteile. Auf dem Bahnhof in Bozen, wo sie in den Zug nach Meran umsteigen musste, herrschten schon fast normale Zustände. In Meran wechselte sie in die *Littorina*, die sie, wenn auch in gewohnter Manier im Schneckentempo, zu ihrem Zielbahnhof brachte. Die Zahl der Menschen, die in Spondinig am Fahrkartenschalter für das Abstempeln anstanden, war überschaubar. Lena faltete ihren nun zweimal gestempelten Wahlzettel wieder zusammen und machte sich auf den etwa neun Kilometer langen Fußmarsch nach Gomagoi, um im dortigen Wahllokal ihre Stimme für Parlament und Senat abzugeben.

Alles hatte so verheißungsvoll geklungen, wie ein außertourliches Geschenk, als sie von dieser Gratisfahrt im Zuge der Parlamentswahl erfahren hatte. Ja, Lena hatte sich darauf gefreut, auf den Kurzurlaub, auf ihre Mutter, auf ihre Geschwister. Aber jetzt auf dem Fußmarsch hinauf nach Gomagoi, da graute ihr vor nichts mehr als vor der Rückfahrt. Wenn sie sich das so recht überlegte, dann kam sie diese Gratisfahrt im Grunde sehr teuer zu stehen. Die wenigen Tage zu Hause hatten dann auch kaum ausgereicht, um sich von den übergroßen Strapazen der Anreise zu erholen, zumal Lena selbstverständlich am Hof und im Stall mitgeholfen hat. Dafür war sie sich nie zu schade gewesen.

Und sie fühlte sich auch in der Verantwortung mitanzupacken, wenn ihre Hilfe von Nöten war. Wenigstens hatte sie sich mit dem persönlichen Erscheinen in Gomagoi die Portogebühren für die *vaglia postale*, die Postanweisung, gespart. Das Geld, das sie monatlich nach Hause überwies, hatte sie diesmal gleich in bar bei sich. Lena war es wichtig, ihren ältesten Bruder, der den Heimathof übernommen und ausgebaut hat, finanziell zu unterstützen. Er hatte es auch nicht einfach. Der Hof warf nicht allzu viel ab, und der Fortbestand musste doch gesichert werden. Deshalb war Lena sogar richtig froh, dass sie mit dem in Varese verdienten Geld in der Lage war, ihm unter die Arme zu greifen.

Dass Lena für ihre Dienste bei der *famiglia* Banchieri einen guten Lohn erhielt, das wurde wohl auch von der Mutter geschätzt. Was ihr aber gar nicht behagte, war, dass es Lena in Varese immer besser zu gefallen schien. Nicht, dass ihre Tochter gleich gar nicht mehr nach Hause wollte.

„Wie lange willst du noch da unten bleiben? Am Ende heiratest du einen *Walschen* und kommst gar nicht mehr zurück!", offenbarte die Mutter ihre Sorge unverblümt. Aber Lena zerstreute diese trüben Gedanken nur lachend, indem sie der Mutter versicherte: „Mir geht es wirklich gut da unten, aber ich komme bestimmt wieder nach Hause!" Noch sei sie aber nicht soweit, um schon zurückzukommen.

„Die *Signora* hat gerade ihr drittes Kind bekommen. Ich kann sie nicht im Stich lassen, und das will ich auch nicht!"

Das Pflichtgefühl, das Lena für ihre Familie in Gomagoi hatte, dieses Pflichtgefühl hatte sie längst auch der *famiglia* Banchieri gegenüber. Sie war nun schon drei Jahre bei ihnen und gehörte schon wie selbstverständlich dazu. Die innige

Verbindung, die Lena schon zu Luigi und noch mehr zu Daria aufgebaut hatte, erfuhr mit Guido noch eine Steigerung. Er war einfach ein so lieber Junge, für den Lena bald mütterliche Gefühle hegte. Seit er auf der Welt war, wurde er von ihr umsorgt, sodass Guido, als er etwas größer war, sogar recht passabel Deutsch gelernt hatte. Der *ingegnere* hatte ohnehin verlangt, dass Luigi und Daria von Lena Deutsch lernen sollten. Bei Daria hatte das recht gut funktioniert, da sie auch selbst Gefallen an der Fremdsprache gefunden hatte und von sich aus den Spracherwerb anstrebte. Luigi war generell, zum Leidwesen seines Vaters, der ein kluger Mann war, ein schwacher Schüler. Er tat sich mit allen Fächern, die sie in der Schule hatten, recht schwer und plagte sich selbst bei einfachen Inhalten. Guido dagegen war ein richtig gescheites Bürschchen. Gut, er war vom Windelalter an in Lenas Nähe. Sie war praktisch rund um die Uhr bei ihm. Natürlich hatte sie beim Wickeln, beim Baden oder beim Esseneingeben gerne auch in ihrer Muttersprache mit dem Kleinen gesprochen. Das Resultat ließ dann nicht lange auf sich warten. Guido schnappte schnell alles auf und plapperte munter drauflos. Lena konnte nicht anders als ihn zu knuddeln und zu herzen. Sie hatte dieses Kind ungemein lieb gewonnen. Ein richtiger Goldschatz!

Als der *ingegnere* für den nächsten Sommerurlaub anstelle eines Meeraufenthalts vorgeschlagen hatte, Lena möge eine Ferienwohnung für die Familie in Gomagoi suchen, da war sie geradewegs erleichtert! Damit ließen sich zwei Fliegen mit einer Klappe schlagen! Sie kam für ganze vier Wochen nach Hause, was praktisch einem überlangen Urlaub gleichkam, und sie brauchte dabei nicht auf die ihr liebgewonnene Familie und besonders nicht auf ihren Goldschatz zu verzichten! Mit Eifer machte sie sich daran, alle Hebel in Bewegung zu setzen, um eine passende Ferienwohnung zu organisieren. Ihre *Tota*, eine kinderlose Schwester ihrer Mutter, führte den Dorfladen in Gomagoi, und im Nachbarhaus, da befand sich doch diese geräumige, leerstehende Wohnung. Die könne man doch für die Urlauberfamilie aus Varese herrichten, lautete ihr Vorschlag in einem der Briefe, die sie in dieser Vorbereitungszeit weit häufiger als gewöhnlich nach Hause schrieb. Die Tatsache, dass der *ingegnere* einen schönen Preis für das Feriendomizil bezahlte, war dann nicht unerheblich, dass man in Gomagoi mit vereinten Kräften begann, diese Wohnung sauber herzurichten. Natürlich bot das Thema, dass Lenas reiche Herrschaften bald für einen mehrwöchigen Urlaub anreisen werden, ungewöhnlich viel Gesprächsstoff unter den Dorfbewohnern, die schließlich allesamt voller Neugier deren Ankunft erwarteten. Auch Lena war es nicht anders ergangen. Mit jedem Tag, der sie den Urlaubswochen näher brachte, wurde sie aufgeregter. Natürlich war es ihr wichtig, dass es ihren Herrschaften in Gomagoi an nichts fehlen möge. Aber sie wusste auch, dass die Lebensumstände in ihrem Heimatdorf weit bescheidener waren als jene in der Villa der Banchieri. Und auch das Wetter konnte einem selbst im Sommer einen Strich durch die Rechnung machen. Sicher, der Monat Juli war ebenso bei ihr zu Hause der wärmste mit den meisten Sonnenstunden, auch wenn man weit unter der in Varese üblichen Hitze blieb, unter der Lena besonders in ihrer Anfangszeit gelitten hatte. Aber Gomagoi liegt auf 1250 Metern Meereshöhe, und bei einer

Schlechtwetterfront konnte es durchaus passieren, dass die Temperaturen empfindlich fallen. Nun, Lena hatte ihre Dienstherren auf alle Eventualitäten wiederholt aufmerksam gemacht, was die *Signori* nur jedes Mal veranlasste, unisono zu versichern, dass sie sich nur ungemein auf Lenas Heimatort freuten und es vor allem kaum erwarten konnten, die Berge, von denen Lena unablässig geschwärmt hatte, endlich mit eigenen Augen zu erblicken. Sie würden sich zu benehmen wissen und seien bestimmt nicht kompliziert.

Die geräumige Wohnung, die sie in Gomagoi bezogen hatten, reichte ihren Ansprüchen vollauf. Lena wohnte selbstverständlich bei den Banchieri. Sie war auch in Gomagoi für die Hausarbeit der Familie zuständig. Putzen, waschen, bügeln. Beim Kochen war sie der *Signora*, wie schon in der Ferienwohnung in Santa, behilflich. Und sie hatte die Einkäufe zu besorgen. Für das frische Brot zum Frühstück hüpfte sie täglich die Treppe hinunter in den Laden ihrer *Tota*.

„Grüß dich, Lena! Was darf's denn sein?", fragte die *Tota*, wie sie Lena im Laden erblickte.

„Per me un chilo di pane – Für mich ein Kilo Brot", formulierte Lena wie selbstverständlich ihre Bestellung auf Italienisch.

„Aha. Da kann eine wohl nur mehr *walsch* reden", konterte die *Tota* in missfälligem Ton.

„Um Himmels Willen!", erschrak Lena, während sie verlegen errötend eine Entschuldigung stammelte.

Auf dem Weg zurück in die Wohnung konnte Lena sich eines leichten Glücksgefühls dann doch nicht ganz verwehren. Sie hatte italienisch gesprochen. Ganz von selbst.

Kaum zu glauben, dass sie einmal solche Schwierigkeiten mit dem Italienischen hatte. Und nun? Es machte für sie keinen Unterschied mehr, in welcher Sprache sie sprach. Das war ein Glücksgefühl wert, fand Lena. Sie hatte sich zu sputen. Das Wetter zeigte sich von seiner besten Seite, und das wollte Lena ausnutzen. Auch für diesen Tag stand eine Autorundfahrt auf dem Plan. Die *famiglia* Banchieri war erpicht, alle Ecken im Obervinschgau kennenzulernen. Und Lena hatte nicht ohne Stolz ihre Heimat gezeigt. Gemeinsam waren sie im Ford Consul, Guido saß unentwegt auf Lenas Schoß, nach Sulden auf 1900 Meter gefahren, hatten Mals, den Hauptort im Obervinschgau, besichtigt, machten einen Abstecher ins mittelalterliche Städtchen Glurns, und der *ingegnere* wollte unbedingt zum Reschensee hinauf, um den Kirchturm zu begutachten, das einzige Gebäude, das nach der Überflutung der Dörfer Graun und Reschen im Jahr 1950 noch aus dem Stausee ragt. Ja, Lena war viel unterwegs gewesen mit der *famiglia* Banchieri in den vier Wochen, die sie gemeinsam in Gomagoi verbrachten, aber natürlich hatte es sich auch ergeben, dass sie ab und zu auf einen kurzen Sprung bei der Mutter vorbeigeschaut hat.

Schon von Weiten konnte sie deren Lamento hören. Die Mutter war am Jammern, wie sie Lena sah, so sehr wünschte sie sich, diese möge doch wieder zurück nach Hause kommen. Für immer. Beinahe unablässig versicherte Lena ihrer Mutter, ohne Berge um sich herum könne sie auf Dauer nie leben. Also für immer und ewig werde sie bestimmt nicht in Varese bleiben, sie komme bestimmt zurück, das sei so sicher wie das Amen in der Kirche. Denn in ihrem Herzen war sie ein Vinschger *Madl* geblieben. Das schon. Aber Lena gefiel es auch ausnehmend gut in Varese bei der *famiglia* Banchieri. Sie haben ihr einen guten Lohn gezahlt, ihr ein schönes Leben ermöglicht und in Guido war sie längst vernarrt. Selbst wie sie längst schon Josef, ihren späteren Ehemann, bei einem Heimaturlaub kennengelernt hatte, war sie noch weitere zwei Jahre in Varese geblieben. Sie konnte sich einfach noch nicht von ihrem Arbeitsplatz trennen. Mit Josef blieb sie in der Zeit über Briefe verbunden. Er war eine Seele von einem Menschen mit einer Engelsgeduld. Er verstand durchaus, dass Lena mit der Heirat noch etwas warten wollte. Aber schließlich, auch weil er fast 20 Jahre älter war als sie, fand er es an der Zeit für die Familiengründung.

„Jetzt ist Schluss mit Varese! Wir heiraten", ließ er Lena unmissverständlich wissen. Das war im April 1962 gewesen, und schon einen Monat später fand im Mai die Hochzeit statt. Eine schöne Feier hatten ihnen ihre Schwestern in der Wallfahrtskirche von Riffian ausgerichtet, mit einem schönen Hochzeitsmahl im angrenzenden Gasthof. Die paar Tage, die sie, die frisch Vermählten, dann noch in Meran geblieben waren, als Hochzeitsreise gewissermaßen, haben Lena den Verdruss, den sie um ihr Goldstück Guido verspürte, etwas abgemildert. Aber die sieben Jahre mit den Kindern, der *Signora* und dem *ingegnere* hatten in ihr deutliche Spuren hinterlassen, und Lena hatte noch lange mit Schwermut zu kämpfen beim Gedanken an die herrliche Zeit in Varese.

Ein Kind von Gott gewollt

Rosa Obrist, Jahrgang 1936, Eisacktal
1959–1962 Rom

Völlig durchgeweicht war ihr Kopfkissen. Feucht und nass von ihren Tränen, die geradezu in Strömen flossen. Am liebsten hätte sie geschrien. So laut, dass es ihr das Trommelfell zerreißt. Nie mehr wollte sie etwas hören können von diesen Worten, die so unglaublich kränken, die ein Leben zerstören. Ihr Leben. Erbarmungslos und brutal. Aber sie konnte nicht. Der laute Schrei blieb stumm. War aber dafür umso schmerzerfüllter. Sie war so tief verletzt. So unglaublich verletzt von dem Menschen, von dem sie geglaubt hatte, ihm vertrauen zu können. In ihm hatte sie die Liebe ihres Lebens gefunden. Sie war so glücklich gewesen. Bruno hatte ihr den Hof gemacht, hatte um sie geworben. Er, der smarte Anwärter der Finanzwache, hatte sie in der Kirche *Basilica di Sant'Antonio* nach der Messe angesprochen. Sie fühlte sich umworben und begehrt. Er hatte ihr gefallen. Nicht gleich, aber sehr bald hatte sie sich in den stattlichen Burschen in der schmucken Uniform verliebt.

In die *Basilica di Sant'Antonio* kam Rosa sonntags zur Messe seit sie hier in Rom bei der *famiglia* Porzio beschäftigt war. Diese Kirche befindet sich unweit der *via Vittorio Alfieri*, der Straße ihrer Dienstfamilie. Dass sie sonntags am Vormittag frei bekam, um zur Kirche zu gehen, das war nie ein Problem gewesen zwischen ihr und ihren Dienstherren.

Die *Signora* Aimea hatte sogar zustimmend genickt, als Rosa sie darum gebeten hatte, sonntags die heilige Messe besuchen zu dürfen. Sie wisse, hatte die *Signora* gemeint, dass man in Südtirol ein eng mit dem Kirchenjahr verbundenes Leben führe, der regelmäßige Kirchgang war da selbstverständlich. Aber sie selbst sei nicht gläubig, auch ihr Mann nicht, weshalb man Rosa wohl nicht begleiten werde. Was für Rosa wiederum unerheblich war.

Auf dem kurzen Weg zur Kirche, einem zwar großen, aber durchaus einfachen Gotteshaus, würde sie sich schon nicht verlaufen, und das Prozedere in der Messe war ihr ohnehin vertraut. Nur das Getue um die Tücher, die den Frauen vom Kopf hingen, fand Rosa eigenartig. Selbstverständlich war Rosa sauber frisiert, aber ohne Kopfbedeckung unterwegs gewesen, als sie am ersten Sonntag hier in Rom die Kirche betrat. Während der Messe war ihr dann aufgefallen, dass die Frauen fast durchwegs ihre Häupter mit lose vom Kopf hängenden Tüchern bedeckten. Hauptsächlich, wenn sie sich anschickten, nach vorne zum Altar zu gehen, um die heilige Kommunion in Empfang zu nehmen, warfen sie sich so ein Tuch über den Kopf.

In der Kirche in Rom hatte sie das Schauspiel nur erstaunt beobachtet. Nicht so in der Kirche in Novara. Gelegentlich war Rosa mit der *famiglia* Porzio hinauf in den Piemont nach Novara, dem Herkunftsort ihres Dienstherrn, gefahren. Selbstverständlich machte sich Rosa auch in Novara sonntags auf zur heiligen Messe. Aber in der Kirche dort war man nicht so kulant gegenüber Frauen, die sich nicht an die Vorgabe der vom Kopf baumelnden Tücher hielten. Nichtsahnend hatte sich Rosa, natürlich baren Hauptes, in die Menschenschlange gestellt, um die Kommunion zu empfangen. Wie Rosa an der Reihe war, da deutete ihr der Priester mit einem verneinenden Finger, dass sie von ihm nichts bekommen werde. Rosa verstand die Welt nicht mehr. *Was soll das?* Aber da war ein Ministrant schon auf die Szene vorne am Altar aufmerksam geworden. Schnell kam er auf sie zu und überreichte dem Priester ein schmuddelig aussehendes Tuch, wie Rosa fand. Noch ehe sie sich versah, hing das abgetragene Stück Stoff auch schon zottelig von ihrem Kopf. Nun wurde sie vom Priester für würdig befunden, den Leib Christi zu empfangen. Kaum hatte sie, nach der Verabreichung der Kommunion, ihren Mund wieder geschlossen, da wurde ihr das Tuch sogleich abgenommen. *Was für ein Brimborium!*, empfand Rosa. Jedenfalls schien man die Sache mit den Tüchern in den Provinzkirchen weit ernster zu nehmen.

In der Kirche in Rom, in die sie zu gehen pflegte, sah man zwar auch viele Frauen mit diesen vom Kopf hängenden Tüchern in der Messe, aber wer kein Kopftuch trug, wurde deshalb nicht gleich geächtet. Und im Petersdom, dem Sitz des Papstes, krähte schon kein Hahn mehr nach diesen Tüchern, wie Rosa bei einem Besuch dort selbst feststellen konnte. Sicher, beim Betreten dieser Hauptkirche der Katholiken hatte man angemessen gekleidet zu sein. Weder durfte man mit entblößten Knien noch mit unbedeckten Schultern den Petersdom betreten, aber von irgendwelchen Tüchern, die den Frauen vom Kopf zu hängen hatten, war nirgendwo die Rede.

„Hier ist das Publikum wahrscheinlich zu international, um den ganzen Kopftuchwirbel zu veranstalten", raunte

Rosa Marianna ins Ohr, wie sie inmitten von unzähligen Kirchenbesuchern beide mit offenen Mündern die Herrlichkeit im Kircheninneren bewunderten. Marianna stammte aus Sardinien und war, wie die beiden Frauen erkannt hatten, dass sie Schicksalsgenossinnen waren, schnell zu Rosas lieber Freundin geworden. Obwohl es schon eigenartig zugegangen war, denn getroffen hatten sich die beiden Dienstmädel, die eine aus Sardinien, die andere aus Südtirol, in der *Basilica di Sant'Antonio*. Oder besser gesagt, auf dem Heimweg von der Kirche. Beiden war nämlich aufgefallen, wie sie sich hinterher erzählt hatten, dass sie exakt denselben Rückweg nahmen. Jede Straße, jeden Seitenwechsel, jede Abbiegung. Als sie dann aber auch noch am selben Hauseingang stehen blieben, um einzutreten, da wagten sie doch, einander anzusprechen. Und so erfuhr Rosa, dass sich die Wohnung von Mariannas Dienstherren nur wenige Stockwerke über jener der *famiglia Porzio* befand. Von da an trafen die beiden Frauen einander öfter. Ob am Sonntag zum gemeinsamen Kirchgang oder für eine gemeinsame Stadterkundung.

Von der *Signora* Aimea hatte Rosa gleich zu Beginn, wie sie in Rom angekommen war, ein Büchlein überreicht bekommen, in dem sämtliche Sehenswürdigkeiten Roms abgebildet waren, einschließlich jeder Menge Erläuterungen und Wegbeschreibungen, um sich auf den Besichtigungstouren nicht zu verirren. Mit diesem Büchlein in der Hand erkundete Rosa nun bevorzugt gemeinsam mit Marianna die Stadt. Die *via Vittorio Alfieri* befindet sich zwischen dem römischen Hauptbahnhof *Roma Termini* und dem Kolosseum, diesem größten geschlossenen Bau der römischen

Antike und bis heute größten je gebauten Amphitheater der Welt. Zum Kolosseum sind sie natürlich zu Fuß hinspaziert, genauso wie zum Forum Romanum, das sich gleich beim Kolosseum befindet. Zu den Sehenswürdigkeiten, die weiter entfernt zu besichtigen sind, haben Rosa und Marianna die Trambahn benützt oder sind mit einem Autobus hingefahren. Das stand ja alles sehr detailliert in Aimeas Büchlein, das Rosa intensiv studiert hatte, um sich so viel wie möglich mit Marianna anzusehen.

Um zu den Katakomben in der Nähe der *via Appia Antica* zu gelangen, benutzten sie lieber ein öffentliches Verkehrsmittel. Zu Fuß war das einfach zu weit, und Rosa wollte unbedingt diese so beeindruckenden unterirdischen Gänge und Galerien sehen, wo die Christen, aber auch die Juden bis ins vierte Jahrhundert ihre Verstorbenen beerdigten. Aus dem Büchlein hatte Rosa auch erfahren, dass eine Erdbestattung im antiken Rom aus hygienischen Gründen verboten war. „Während die Adeligen Roms es vorzogen, eingeäschert zu werden und die Asche in Urnen aufzubewahren, hatten die frühen Christen ihre Toten in unterirdischen Grotten, den Katakomben bestattet. Sie glaubten, nur wenn man nicht verbrannt wird, ist die Auferstehung möglich", las Rosa laut, während sie sich in den kilometerlangen unterirdischen Gängen umsah und sich vergegenwärtigte, dass die für lange Zeit verfolgten Christen eben diese Katakomben auch als Versteck nutzten, als Versammlungsort und zur Verehrung ihrer verblichenen Ahnen. Hier, so tief unter der Erde, wo es stockdunkel gewesen sein muss, dunkel und feucht. Inmitten all dieser Toten. Rosa wurde vom Schauder ergriffen. Beeindruckend waren sie, die Katakomben, das fanden Marianna wie Rosa, aber am darauffolgenden Sonntag, das stand fest, wollten sie lieber wieder über der Erde bleiben.

Für den kommenden Sonntag war ohnehin schon ein Besuch auf dem Petersplatz geplant, denn da wollten sie bei einer Papstaudienz dabei sein. Leichten Herzens hatten sie sich entschlossen, sich zu Fuß auf den Weg zu machen, und hatten dabei die römische Hitze wie die Strecke von der *via Alfieri* in den Vatikan völlig unterschätzt. Nun standen sie durchgeschwitzt in der prallen Sonne auf dem bummvollen Petersplatz und warteten geduldig, bis Papst Johannes XXIII. in der Sänfte herausgetragen wurde. Da es aus Platzmangel für die dicht an dicht stehenden Menschen zum Kniefall nicht reichte, nahmen alle instinktiv eine ehrfürchtige Haltung ein, während der Papst den Segen in den verschiedensten Sprachen über die Gläubigen aussprach.

Sehr beeindruckt vom Schauspiel bei der Papstaudienz und von den vielen Schweizergardisten, die in ihren traditionellen Uniformen überall im Vatikan für die Sicherheit des Papstes zu sorgen schienen, machten sich Marianna und Rosa beseelt auf zur imposanten Engelsburg in unmittelbarer Nähe des Petersdoms. 800 Meter um genau zu sein, denn so lange ist der verborgene Durchgang, der *Passetto di Borgo*, der die Engelsburg mit der Vatikanstadt verbindet. Auf diese Weise gelangten die Päpste ungesehen durch diesen Fluchtgang vom Vatikan in die Engelsburg, die den Päpsten auch als Residenz diente. Was es da, in dem Büchlein von Aimea, alles zu lesen gab? Rosa war ganz fasziniert. Bisher hatte sie noch gar keine Ahnung gehabt, was man sich unter Geschichte vorzustellen hatte, und hier in Rom wandelte man geradezu unentwegt auf vielen jahrhundertealten, ja selbst jahrtausendealten Stätten. Und über jede gab es so viel zu erzählen und zu erfahren.

In die *Fontana di Trevi*, den Trevi-Brunnen, las sie beispielsweise, musste man, wollte man wieder nach Rom zurückkehren, unbedingt eine Münze werfen. Natürlich machten sich die beiden Freundinnen auf zur *piazza Trevi*. Überrascht von der Enge um den Brunnen, der als der größte Brunnen Roms gilt, waren sie aber genauso von dessen Ausmaßen beeindruckt wie von den prächtigen barocken Skulpturen und vom türkisblauen Wasser, das in schier unglaublichen Mengen in das überdimensionale Brunnenbecken herunterplätschert. Unzählige Münzen glitzerten bereits auf dem Beckenboden. Marianne und Rosa nahmen sich bei der Hand, stellten sich, je eine Münze in den Händen haltend, mit dem Rücken zum Brunnen, zählten bis drei „*uno, due, tre*" und warfen dann die Münzen gleichzeitig über ihre Schultern ins türkisblaue Wasser. Die Wahrscheinlichkeit der gemeinsamen Rückkehr nach Rom sollte bei diesem Ritual noch höher sein, so hatte es zumindest in Aimeas Büchlein gestanden. Und dass dessen Inhalte der Wahrheit entsprachen, stand für Rosa außer Zweifel.

Aimea war eine gebildete Frau. Eine gebürtige Polin. In den Kriegswirren während des Zweiten Weltkriegs war sie mit ihren Eltern in Meran gestrandet. Dort hatte sie dann auch den *ingegnere* Porzio kennengelernt, einen renommierten Kirchenbauingenieur, der für einen Arbeitsauftrag in Meran beschäftigt war. Sie haben geheiratet, und Aimea brachte 1955 ihre gemeinsame Tochter Daniela zur Welt.

Ein Mädchen mit Downsyndrom. Ein Chromosom, das 21., das dreifach vorhanden ist, ist zu viel in jeder Körperzelle und für eine verzögerte körperliche und geistige Entwicklung verantwortlich. Diese Diagnose traf die Eltern mit aller Wucht. Nie würde ihre Tochter ein selbstständiges Leben führen können. Ganz davon abgesehen, dass die Ärzte den Eltern ohnehin eine kurze Lebenserwartung für Daniela bescheinigten. Es war die Rede vom „tragischen Schicksal" und von „schweren Zeiten", die auf die Eltern zukamen. Besonders Aimea wünschte sich so sehr noch weitere Kinder, aber die übergroße Furcht, auch diese könnten mit einer Behinderung zur Welt kommen, ließ sie auf eine weitere Mutterschaft verzichten. Aber für Daniela wollten sie alles nur Erdenkliche unternehmen, um den Zustand der Tochter zu verbessern. Als Daniela wider der ärztlichen Prognose nicht wenige Monate nach der Geburt verstarb, holten sich die Porzio ein Mädchen ins Haus, das der *Signora* bei der Betreuung von Daniela behilflich sein sollte. Aimea war zwar nicht außer Haus berufstätig, aber sie machte die Buchhaltung ihres Mannes, wofür sie Zeit benötigte. Also musste ein Kindermädchen für Daniela eingestellt werden. Man entschied sich für Sophia, Rosas um zwei Jahre ältere Schwester. Als der *ingegnere* für einen großen Kirchenbauauftrag nach Rom geholt werden sollte, war klar, dass er seine Familie samt Kindermädchen mitnehmen würde. Aber Sophia wollte nicht. Sie trug sich schon länger mit dem Gedanken, bald zu heiraten. Ihr Zukünftiger hatte auch schon wiederholt gedrängt, weshalb es für Sophia nicht infrage kam, dass sie die *famiglia* Porzio nach Rom begleiten würde.

Die Absage ihres Kindermädchens ließ die *Signora* an den Rand der Verzweiflung kommen. Schließlich war es nicht so einfach, eine geeignete Betreuung für ihr kleines Mädchen zu finden. Sophia kannte die bald vierjährige Daniela von klein auf. Sie wusste, wie man mit den Besonderheiten des Mädchens umzugehen hatte, und sie verfügte über das nötige Einfühlungsvermögen. Ein wildfremdes, gar nicht mit Danielas Eigenheiten vertrautes Kindermädchen würde das Vorhaben Rom nur unnötig verkomplizieren. Da erzählte Sophia von ihrer um zwei Jahre jüngeren Schwester Rosa, dass diese bereits über Erfahrung verfüge. Mehr als zwei Jahre war sie bei einer Familie mit drei kleinen Mädchen in Lana beschäftigt. Rosa könne gut mit Kindern und sei gerade auf der Suche nach einer neuen Stelle. Ein äußerst schlimmes Erlebnis, das ihrer Schwester in Lana widerfahren war, habe dazu geführt, dass das Dienstverhältnis beendet wurde. Rosa saß daher zu Hause auf dem elterlichen Hof in Feldthurns und war erneut auf Arbeitssuche.

„Stell dich nicht so an!", murrte der Vater in Rosas Richtung, die mit verheultem Gesicht neben der Mutter am Stubentisch saß. Gerade hatte sie ihren Eltern beichten müssen, warum sie wieder zu Hause aufgekreuzt war. Dass seine Tochter, inzwischen 23-jährig, wieder mitversorgt werden musste, hatte ihm gerade noch gefehlt. Das Leben sei nun mal kein Zuckerschlecken, da dürfe man nicht so kompliziert sein, so die Meinung des Vaters. Er und seine Frau Maria bewirtschafteten ein bescheidenes Höflein in Garn, einer kleinen Fraktion von Feldthurns, und sie hatten jede Menge Kinder. Ihr ältestes war 1928 geboren, ihr jüngstes 1948. Ganze 20 Jahre hatte die Mutter Kinder zur

Welt gebracht. Zweimal waren es auch Zwillingsgeburten gewesen. Schwer und kräftezehrend für die Mutter. Die erste Zwillingsgeburt durchlebte Maria 1929 als 27-Jährige. Viele Stunden lag sie in den Wehen. Als sie glaubte, sie werde die Tortur nicht überleben, holte die Hebamme endlich ein Kind aus ihr heraus. Ein lebloses Bündel, das der anwesende Pfarrer sogleich mit einem Kreuzzeichen versah und zur Bestattung in die bereitgestellte Kiste legte. Wie Maria langsam zu begreifen begann, dass die erlittenen Qualen ihr nicht das Leben, sondern den Tod gebracht hatten, da setzten erneut mit aller Wucht Wehen ein. Unter Schreien und Stöhnen gebar sie schließlich ein weiteres kleines Mädchen, das – wie das Schwesterchen davor – zunächst einen ebenso leblosen Eindruck machte.

„Die könnt ihr gleich zur anderen legen. Die wird es auch nicht überleben", meinte der Pfarrer schon resigniert. Aber das Kleine war zäh. Zaghaft begann es schwache Zuckungen von sich zu geben. Die Freude war groß, dass wenigstens eines der beiden Mädchen überlebte.

Nach weiteren acht herkömmlichen Geburten lag Maria erneut mit Zwillingen in den Wehen. Da war sie schon 41 Jahre alt. Beide Kinder verstarben. Mit dem zweiten Zwillingspärchen hatte die Mutter bis dahin 13 Kinder geboren und war überzeugt, dass dies – sie war ja auch schon in einem fortgeschrittenen Gebäralter – die letzte Geburt in ihrem Leben gewesen sein musste. Wie sie dann drei Jahre darauf, 1946, erneut schwanger wurde, da wollte sie ihren Zustand zunächst nicht wahrhaben.

„Das kann nicht sein, dass ich in meinem Alter noch ein Kind erwarte!", schluchzte sie verzagt. Doch Maria brachte, obgleich ausgezehrt und vom arbeitsreichen Leben gezeichnet, einen gesunden Jungen zur Welt. Aber damit nicht genug. Zwei Jahre später schenkte sie noch einer weiteren Tochter das Leben, die schließlich ihre Jüngste bleiben sollte. Wenn auch von den 15 Kindern, die seine Frau geboren hatte, vier bei der Geburt verstorben sind, so stand für den Vater doch außer Zweifel, dass seine Ehe von Gott reich mit Kindern gesegnet worden ist. Aber die Kinder wollten auch ernährt, versorgt und angezogen werden. Zumindest so lange sie noch klein waren. Dann, spätestens wenn sie die Pflichtschule beendet hatten, sollten sie zusehen, dass sie zur Mithilfe außer Haus unterkamen. Arbeitssuchende gab es in den Fünfzigerjahren daher zuhauf. Zu viele Bauern hatten kinderreiche Familien. Ein jedes Kind war ein Esser mehr am Tisch, weshalb man, besonders bei den Kleinbauern, früh, oft schon mit sieben oder zehn Jahren, zum Arbeiten für Kost und Logis weggegeben wurde.

Zu Hause bei Rosa hatte man mit den vielen jüngeren Geschwistern ohnehin immer ausreichend Mithilfe am bescheidenen Höflein, weshalb die älteren sich nach einer Dienststelle umzusehen hatten. Auch Rosa war, kaum dass sie die Pflichtschule beendet hatte, mit 14 Jahren bei Nachbarbauern zur Mithilfe im Stall und auf den Feldern untergekommen. Sie konnte dieser äußerst schweren und kräftezehrenden Arbeit als Magd nichts Positives abgewinnen. Zeitig in aller Herrgottsfrüh hatte man schon mit dem Melken der Kühe im Stall zu beginnen, gefolgt vom Füttern der Tiere und dem Ausmisten der Stallungen, ehe man raus auf die Felder musste. Die Schinderei nahm kein Ende, die Verpflegung des Gesindes war meist dürftig und von schlechter Qualität, die Behandlung roh und nicht selten von Schlägen geprägt, besonders wenn die Mägde und Knechte noch zu jung und zu eingeschüchtert waren, um sich zur Wehr zu setzen. Auch wenn Rosas Vater darauf geachtet hatte, dass es gute Bauern waren, in deren Dienst er seine Kinder gegeben hat, so bekamen sie doch alle die raue Wirklichkeit zu spüren. Man habe mit ihnen mehr Plage als Nutzen, ließ man sie wissen, sie sollten froh sein, dass man sich ihrer erbarmt und ihnen aus reiner Güte ein Dach überm Kopf gewährt, so die Worte der Großbauern, die ihr halsabschneiderisches Tun gerne als Akt der Nächstenliebe verstanden haben wollten. Auch deshalb wollten die meisten der im Knechtdienst Stehenden lieber eher als später weg von der Schwerstarbeit und der schlechten Behandlung bei den Bauern. Rosa ging es da nicht anders. Aber einfach alles hinschmeißen und weggehen, das war auch nicht möglich. Was hätte man auch tun sollen? Arbeitsangebote, selbst bei den Bauern, gab es nicht im Übermaß. Im Land herrschten Armut und Not. Es war beileibe nicht leicht, eine Arbeitsstelle zu finden, schon gar nicht eine, die einigermaßen passabel bezahlt wurde.

Der Vater schüttelt den Kopf und blickt in das verheulte Gesicht seiner Tochter: „So eine gute Stelle bei der Familie Margesin! Die gibt man doch nicht einfach auf!" Über zwei Jahre war Rosa das Kindermädchen für die drei Schwestern Monika, Maria und Erika, die noch ein Säugling war, als Rosa im Dezember 1956 in Lana bei Dora und Luis Margesin angefangen hatte. Ganz aufgeregt war Dora Margesin in der Direktion der Familienhelferinnenschule in Bozen gesessen und bat um ein Mädchen, das über die Weihnachtsferien auf ihre drei Kleinkinder aufpassen könnte. Sie und ihr Mann Luis seien mit dem Weinhandel viel unterwegs, besonders über die Weihnachtszeit.

Die Familienhelferinnenschule war eine im Jahr 1956 auf Initiative eines Priesters aus dem Passeiertal neu gegründete Schule, die Mädchen aus kinderreichen Bergbauernfamilien die Möglichkeit zu einer Ausbildung bieten sollte. Denn von einer guten Ausbildung waren die Kinder besonders in den Südtiroler Dörfern in jenen Jahren meist weit entfernt.

Rosa hatte die obligatorischen acht Grundschuljahre in der Volksschule in Garn absolviert. In ihrem Geburtsdorf auf 1200 Metern Meereshöhe. Meist waren sie an die 24 Schüler und Schülerinnen. Alle im gleichen Raum, von der ersten bis zur achten Klasse. Als Rosa im Herbst 1942 mit sechs Jahren eingeschult wurde, befand sich Südtirol nicht nur inmitten der Kriegswirren, sondern hatte sich auch noch dem schweren Joch der Faschisten zu beugen. Deutsch war verboten, der Unterricht durfte ausschließlich in italienischer Sprache abgehalten werden. Wie Stumme, so erinnert sich Rosa, saßen sie am Vormittag in den Schulbänken und verstanden wenig bis nichts von den Ausführungen der Lehrerinnen, die meist aus dem tiefsten italienischen Süden zu ihnen in die widerspenstige deutsche Provinz im Norden heraufgeschickt wurden.

Rosas Vater hatte sich 1939 bei der *Option* für das Gehen entschieden. Er, seine Frau und seine Kinder waren somit offiziell deutsche Staatsbürger. Eigentlich hätten sie ins Deutsche Reich auswandern müssen, aber dazu ist es nie gekommen. Als sich zum Jahresende 1939 herausgestellt hatte, dass 85 Prozent der Südtiroler Bevölkerung für Deutschland optierten, bremsten die faschistischen Machthaber die Auswanderung etwas ein. Eine derart hohe Auswanderungsbereitschaft hatten sie nie erwartet. Wenn sie auch die lästigen Querulanten loswerden wollten, so waren sie keineswegs an einem unbewohnten und unbewirtschafteten Land interessiert. Den Optantenkindern wurde sodann ab 1940 ein zweistündiger Deutschunterricht am Nachmittag gewährt. Mit dem Sturz Mussolinis kam Südtirol als Teil der Operationszone Alpenvorland im September 1943 direkt unter deutschen Einflussbereich. In den Schulen kehrte die deutsche Sprache zurück, wenigstens bis zum Kriegsende im Mai 1945. Rosa saß da in der dritten Klasse, aber gelernt hatte sie in diesen durch den Krieg durcheinander geratenen Strukturen bisher noch wenig. Auch nach Kriegsende, als Italien wieder zur Demokratie wurde und kulturelle Rechte der deutschsprachigen Bevölkerung akzeptierte, dauerte es noch eine beachtliche Zeit, bis an den Südtiroler Schulen wieder ein Regelunterricht abgehalten wurde. Im Prinzip war fast die gesamte Schulzeit von Rosa mehr oder weniger von den Wirren und ideologischen Verirrungen rund um den Zweiten Weltkrieg in Mitleidenschaft gezogen worden. Dass sie schlecht ausgebildet war, hatte sie zunächst nicht verstanden. Gleich nachdem sie 1950 die Pflichtschule beendet hatte, musste sie ja schon mit der Schinderei bei den Bauern beginnen. Nach drei Jahren härtester körperlicher Arbeit, holte sie ihr Vater nach Hause und erzählte, dass sie einspringen müsse für die erkrankte Patentante.

„Da brauche ich jetzt eine von deinen *Gitschn*", richtete Jakob voller Ernst seine Forderung an Franz, seinem

Schwager und Rosas Vater, nachdem er ihm offenbart hatte, dass seine Frau Anna schwer erkrankt war, und er Mithilfe im Laden benötigte. Er und Anna waren kinderlos und betrieben das Gemischtwarengeschäft im Nachbardorf von Garn. Franz hatte neun Töchter, da könne er doch eine entbehren.

„Du kannst die Tresl oder die Rosl haben", war die knappe Antwort von Rosas Vater.

„Ich will die Ältere", besiegelte Jakob Rosas Schicksal, die eben ein Jahr älter war als ihre Schwester Theresa.

Rosa konnte ihr Glück nicht fassen. Nichts lieber, als endlich von diesen halsabschneidenden Bauern wegkommen! Noch am selben Tag machte sie sich auf, um dem Patenonkel im Geschäft zu helfen. Zunächst half die Patin noch etwas mit. Als diese immer schwächer wurde, holte Jakob auch Rosas Cousine Hermine in den Laden. Die Mädchen, beide mit 18 Jahren gleich alt, verstanden sich auf Anhieb. Die Arbeit bereitete ihnen Freude. Fleißig füllten sie leere Regale auf, sorgten für die nötige Sauberkeit und sie liebten es, die Kundschaft zu bedienen und mit ihr ein paar Worte zu wechseln. Aber dann verstarb die Patentante. Der Patenonkel versicherte den Mädchen zwar, dass sich nichts ändern werde. Er habe nicht die Absicht, wieder zu heiraten, und wenn es nach ihm ginge, dann könnten Rosa und Hermine gerne bei ihm im Geschäft bleiben. Er brauche ja sowieso ihre Hilfe und irgendwann, wenn es denn auch für ihn so weit sein sollte, einen Erben. Da er kinderlos geblieben war, liebäugelten die beiden Cousinen schon damit, dass es doch auch sie beide sein könnten, die den Patenonkel eines Tages beerben könnten. Aber sie hatten die Rechnung ohne den sprichwörtlichen Wirt gemacht. Eine

Kupplerin ließ ihren Traum vom eigenen Laden platzen. Diese hatte es sich nämlich zur Aufgabe gemacht, den Jakob, der mit seinem Dorfladen keine schlechte Partie war, unter die Haube zu bringen. Nach der Hochzeit hatte die neue Frau an den beiden Verwandten und den Regelungen aus Jakobs erster Ehe keinerlei Interesse. Kurzerhand wurde Rosa und Hermine gekündigt. Schweren Herzens mussten sie ihre Sachen zusammenpacken und ihren liebgewonnenen Arbeitsplatz verlassen.

Als Rosa im Sommer 1956 wieder mit Sack und Pack bei den Eltern auf dem Hof auftauchte, hatte ihre Mutter noch geschimpft, das sei nicht richtig gewesen, sie hätte sich wehren sollen. Aber Rosa war einfach nur schockiert. Zum ersten Mal in ihrem Leben hatte sie am persönlichen Leib erfahren müssen, dass es Menschen gibt, die es nicht gut mit einem meinen. Die aus niederen Beweggründen andere übervorteilen. Rosa war von ihren Eltern zu einem grundehrlichen Menschen erzogen worden. Da galt nur, stets das Richtige und nie das Falsche zu tun. Es gab nur Schwarz und Weiß. Andere durch List und Trug zu hintergehen, das gab es in Rosas Moralvorstellung bis zu diesem Erlebnis nicht. Dieser Verrat ließ in ihr das Grundvertrauen, das Rosa den Menschen bis dahin entgegenbrachte, empfindlich schrumpfen. Zudem war sie inzwischen 20 Jahre alt, saß erneut zu Hause und war wieder auf der Suche nach einer Arbeit. Aber das traumatische Erlebnis mit der neuen Frau des Patenonkels hatte in Rosa auch den Wunsch geweckt, aus Feldthurns wegzuwollen. Länger schon hatte sie mit dem Gedanken gespielt, dass sie Krankenpflegerin werden wollte. Jetzt war die Zeit gekommen, es anzugehen.

In Meran gab es damals die Krankenpflegeschule, aber für die Aufnahme hatte man eine Prüfung zu bestehen. Voller Zuversicht machte Rosa sich auf den abenteuerlichen Weg nach Meran. Obwohl schon 20 Jahre alt, war Rosa noch nie aus Feldthurns und seinen Dörfern herausgekommen. Jetzt alleine nach Meran zu fahren, die Schule zu finden, alles für die Aufnahmeprüfung in Erfahrung zu bringen und schließlich bei der Prüfung anzutreten, waren wahre Meisterleistungen. Dass sie die Prüfung dann nicht bestanden hatte, war mit Sicherheit der sehr schlechten Ausbildung in ihrer Pflichtschulzeit geschuldet. Aber Rosa wusste, auf keinen Fall wollte sie zurück zu den Bauern, wo man Tag und Nacht für einen Hungerlohn zu schuften hatte. Also brauchte sie eine andere Berufsausbildung.

Garn, Rosas Heimatdörfchen, befindet sich gewissermaßen auf Halbweg vom Hauptdorf Feldthurns, zu dessen Gemeinde Garn gehört, und dem Dorf Latzfons, mit dem Garn das Kirchliche verband. Für die Messe, die Beichte und die religiösen Feierlichkeiten machten sich die Garner Bewohner stets zu Fuß auf den etwa halbstündigen Weg hinauf zur Latzfonser Kirche. Die Garner und die Latzfonser waren somit bestens miteinander bekannt, und es traf sich, dass man nach dem Kirchgang noch beisammenstand und sich von den schönen Dingen, aber auch von den Sorgen und Nöten erzählte. Natürlich wurde auch Rosas Schicksalsschlag vom Davongejagtwerden und dem zerplatzten Ladentraum ausgiebig diskutiert. Auch wenn hinter vorgehaltener Hand gemunkelt wurde, dass es nicht mit rechten Dingen zugegangen sein könnte, so war man doch einhellig der Meinung, dass gegen eine solche Arglist nicht anzukommen war. Wie dem auch sei, Rosa hatte ohnehin längst andere Zukunftspläne.

Nachdem auf Nachfrage ebenso in Erfahrung gebracht worden war, dass Rosa die Aufnahme in die Krankenpflegeschule in Meran nicht geschafft hatte, da nahm sie ihre gute Bekannte, eine Latzfonserin und gut zehn Jahre älter als Rosa, beiseite und erzählte von der neuen Familienhelferinnenschule in Bozen. Dass es nun diese Möglichkeit gab für Mädchen aus kinderreichen Familien von den Bergen herunter, wie sie es waren, um eine Ausbildung zu bekommen. Die Schule befände sich gleich bei der Marienklinik, wo man neben dem schulischen Unterricht auch immer wieder praktische Lehrgänge geboten bekam. So würde man lernen, wie man Kranke pflegt, wie man Spritzen verabreicht, wie man Verbände wechselt. Wohnen könne man im schuleigenen Internat. Sie selbst habe sich schon angemeldet und sei genommen worden, obgleich sie bereits Anfang 30 war.

War die Schulbildung für jene, die wie Rosa in den Dreißigerjahren geboren waren, mehr schlecht als recht, so war sie für jene, die zehn Jahre zuvor zur Welt gekommen sind, regelrecht eine Katastrophe. Die gesamten Pflichtschuljahre waren ausschließlich auf Italienisch zu meistern. In einer Sprache, die ihnen fremd und – aufgrund des brutalen Vorgehens der Faschisten – nicht selten verhasst gewesen ist. Unmittelbar mit der Machtergreifung 1922 hatte das faschistische Regime mit der Italianisierung von Südtirol begonnen, deren oberstes Ziel es war, die deutschsprachige Minderheit ihrer sprachlichen, kulturellen und historischen Identität zu berauben und dem Land ein ausschließlich italienisches Gepräge zu verpassen. Italienisch galt als die einzig gültige Landessprache. Die deutschen Schulen wurden aufgelöst. Dass es nun diese Familienhelferinnenschule gab, sei ein wahrer Segen, so die Latzfonserin. Damit würden auch ihresgleichen eine Chance bekommen, um der Armut, die auf die unzähligen Mägde und Knechte bei den Bauern wartete, zu entrinnen. Rosa schöpfte neue Hoffnung. Wenn schon keine Krankenpflegerin, so konnte sie doch eine Familienhelferin werden. Zwei Jahre sollte die Ausbildung dauern. Auch ihre Defizite in Lesen, Rechnen und Schreiben werde sie aufholen können, war Rosa überzeugt, und das Wohnproblem sei mit dem schuleigenen Internat ja auch aus der Welt.

„Nein, wenn wir da was zahlen müssen, dann darfst du die Schule nicht besuchen!", entschied der Vater resolut. Für Schulgeld reichten die Finanzen wirklich nicht. Sie waren am Höflein Selbstversorger. Alles, was auf dem Tisch kam, war im Grunde selbst erwirtschaftet. Im Stall standen vier, fünf Kühe, sodass sie Milch hatten und Butter. Eier bekamen sie von den wenigen Hühnern am Hof und das Fleisch kam von den Schweinen. Ein, zwei davon standen im Schweinestall. Eins wurde im Sommer immer geschlachtet, damit sie daraus Speck selchen konnten. Das war ein aufwendiges Verfahren. Das Räuchern der Speckseiten hat sehr lange gedauert. Dafür mussten sie, die Kinder, auf den Almen Disteln und Wacholder sammeln, damit es dieses feine Raucharoma ergeben hat. Geschmeckt hat der Speck dann köstlich, aber große Mengen, um die gesamte Familie satt zu bekommen, hat es davon nie gegeben. Die tierischen Produkte wie die pflanzlichen Lebensmittel reichten gerade für jene, die noch zu Hause versorgt werden mussten. Das wenige Gemüse wurde selbst angebaut. Karotten, *Pijesl*, Rüben für das Rübenkraut, das man zu den *Knödeln* aß. Ein paar Kartoffeln für die *Erdäpfelblattln* und Weißkraut, das die Mutter zu gedünstetem Kraut verarbeitet hat, um die *Flotzbiser Krapfen* damit zu füllen. Rosa hat diese Hausmannskost wohl gemocht, aber Krapfen und *Blattln* gab es meist nur an Festtagen. Der gewöhnliche Speiseplan war stets sehr eintönig. Morgens gab es ein *Muas*, meist ein *Plentamuas* mit Butterschmalz und *Birnmehl*, zu Mittag standen immer *plentene Knödel* mit Speck, Käse oder *Pijesl* auf dem Tisch und abends gab es Pellkartoffeln mit Milch, eine Brennsuppe oder wieder ein *Muas* aus *Plentamehl*. Was sie angebaut haben, das haben sie auch selbst verbraucht. Ein paar Kilogramm vom selbst gemahlene Buchweizenmehl hat der Vater gegen Äpfel oder Winterbirnen getauscht, um zu Weihnachten etwas Obst zu haben.

Geld kam nur herein, wenn ein Kalb verkauft wurde. Das war die einzige Einnahmequelle der Familie. Das Kalb wurde auf den Ochsenwagen geladen, und der Vater ging gemeinsam mit einem Sohn zu Fuß die etwa zehn Kilometer und steilen 700 Höhenmeter hinunter nach Klausen auf den Viehmarkt. In seiner Jackentasche hatte er bei diesen Gelegenheiten auch immer den Zettel dabei, auf dem ihm seine Frau genau aufgeschrieben hat, welche Einkäufe er in der Stadt tätigen musste. Dinge, die es in den Dörfern nicht zu kaufen gab: Gewürze, Stoffe, Nähzeug. Das „Kalbgeld" musste für sämtliche Ausgaben im laufenden Jahr reichen.

Einmal im Jahr kam der Schuster auf den Hof. Die größeren Geschwister bekamen neue Schuhe, die jüngeren hatten die Schuhe der älteren aufzutragen, aus denen diese herausgewachsen waren. Schuhe für alle Kinder, dazu hat es nie gereicht. Die kratzigen Winterstrümpfe haben sie auf dem Hof selbst gestrickt. Die Wolle dafür lieferten ihre Schafe. Rosa und ihre jüngere Schwester Tresl waren von der Statur in etwa gleich groß. Das Sonntagsgewand und die Sonntagsschuhe mussten zwischen ihnen beiden abgetauscht werden. Rosa zog die Sachen an, um zur Frühmesse zu gehen. Dann kam sie nach Hause, und Tresl zog Gewand wie Schuhe an, um in die Hauptmesse zu gehen. *Wenn das Geld bei uns schon nicht für Essen und Kleidung für alle meine Kinder reicht, woher soll ich dann das Geld für eine Schule nehmen?* Der Vater schüttelte den Kopf. Auch wenn er bestimmt nichts dagegen hatte, dass Rosa eine Ausbildung machen wollte, aber dafür bezahlen, das konnten sie sich schlicht nicht leisten. Es herrschte die sprichwörtlich *plärrete* Not bei ihnen genauso wie bei vielen anderen Großfamilien in den Fünfzigerjahren. Überall im Land. Wenn es für die Schulgebühren gar nicht reichen wollte, dann sprang die öffentliche Hand ein.

Gott sei Dank wurden auch für Rosa die Schul- und Internatsgebühren übernommen, sodass sie im Herbst 1956 in Bozen mit der Familienhelferinnenschule beginnen konnte. Sie war überglücklich. Endlich ein Hoffnungsschimmer! Pünktlich zu Schulbeginn bezog sie gemeinsam mit ihrer Latzfonser Freundin den großen Schlafsaal. Sie waren zwölf Frauen, die die Familienhelferinnenschule besuchten, und gemeinsam teilten sie sich auch den Schlafsaal. Rosa hatte große Freude am Unterricht. In Mathematik war sie sogar eine der Besten. Und sie haben gleich von Anfang an praktischen Unterricht in der Marienklinik bekommen. Es stellte sich heraus, dass sich Rosa im Umgang mit den Patienten sehr geschickt anstellte, dass sie über viel Mitgefühl verfügte und dass sie eine Engelsgeduld an den Tag legte. Gute Voraussetzungen für die Pflege und Betreuung von Schutzbefohlenen.

Rosa gefiel ihre Ausbildung in Bozen, und sie war guter Dinge, den geforderten Leistungen gerecht zu werden. Aber dann kam Weihnachten mit einer aufgeregten Dora Margesin in der Schuldirektion. Das Angebot, das nicht schlecht bezahlt wurde, für die Aufsicht der drei Kleinkinder in Lana über die Weihnachtswochen, wurde von der Direktion an die zwölf Familienhelferinnen weitergeleitet. Rosa erbarmte sich der drei kleinen Mädchen, verzichtete darauf, über Weihnachten nach Hause zu fahren, packte ihren Koffer und verließ mit Dora Margesin die Familienhelferinnenschule. Für immer. Rosa sollte nicht mehr in die Schule zurückkehren.

Bereits in den kurzen Weihnachtswochen hatte sich herausgestellt, dass Dora nicht nur eine sehr beschäftigte Frau war, sondern dass sie von einem Nervenleiden arg geplagt wurde. Schon wenige Tage nach Rosas Dienstantritt in Lana wurde Dora von Luis in eine Nervenklinik verfrachtet. Zunächst sollte sie nur zur Erholung und zur Stärkung so lange dort bleiben, bis die Weihnachtsferien vorüber waren und Rosa nach Bozen zurück in die Schule musste. Aber die wenigen Wochen hatten für Doras Erholung längst nicht ausgereicht, und so fuhr nicht Rosa am ersten Tag nach den Weihnachtsferien nach Bozen in die Familienhelferinnenschule, sondern Luis Margesin.

„Die Rosa können wir aus Lana nicht weglassen. Meine Frau musste in die Nervenklinik eingeliefert werden. Rosa kennt jetzt die Kinder. Wir finden sonst niemanden. Ihr müsst Erbarmen haben und sie bei uns lassen", bat er inbrünstig. Nachdem die Schulleitung auch bei Rosa nachgefragt hatte, denn ihr Nichterscheinen kam einem Schulabbruch gleich und schließlich war die jährliche Schulgebühr für sie ja schon entrichtet worden, hatte man Rosas Entscheidung, bei der Familie Margesin zu bleiben, akzeptiert. Ihr hatten einfach die drei kleinen Mädchen so leidgetan. Monika war vier Jahre alt, Maria drei und die kleine Erika war ja noch ein Säugling. Was sollten die Mädchen nur tun, ohne ihre Mutter? Rosa brachte es nicht übers Herz, sie im Stich zu lassen und zurück zur Schule zu gehen. Und Luis Margesin hat Rosa für ihr Erbarmen einen stattlichen Lohn bezahlt. So ist Rosa geblieben.

Bald hatte sie die drei Mädchen in ihr Herz geschlossen. Sie umsorgte und herzte sie, sah zu, dass ihr Essen auf dem Tisch stand, dass sie gebadet und sauber angezogen wurden, dass sie raus an die frische Luft kamen. Die meiste Zeit war sie mit Monika, Maria und Erika alleine. Entweder war Dora gerade wieder mal in einer Nervenheilanstalt oder sie begleitete ihren Mann, der mit seinem Weinvertrieb viel unterwegs war. Den Sommer verbrachte Rosa mit den Kindern im Ferienhaus der Familie auf dem Vigiljoch. Natürlich auch dort ohne Dora und Luis. Aber beide schätzten Rosas Einsatz. Bei ihr wussten sie ihre Kinder in guten Händen. Dora, die aufgrund ihres Gesundheitszustandes mit den Mädchen heillos überfordert war, wäre niemals ohne Kindermädchen zurechtgekommen.

Rosa mochte die Arbeit mit den Kindern, aber sie empfand es auch als sehr anstrengend, immerzu alleine mit allem zurechtkommen zu müssen. Im Grunde waren die Eltern durchwegs außer Haus, häufig genug auch über Nacht. Und Rosa saß allein mit den Kindern in dem großen Haus in Lana. Für die Bewirtschaftung des großen Hauses samt Garten hatten die Margesin ein kinderloses Ehepaar als Hausmeister beschäftigt. Diese waren somit wohl auch zugegen, aber das Verhältnis zwischen Rosa und dem Hausmeisterehepaar war von Anfang an ein sehr eigenartiges, wie Rosa fand. Der Mann, ein mürrischer, ruppiger Kerl, nahm zunächst kaum Notiz von Rosa, und die Frau verhielt sich stets sehr schroff und abweisend ihr gegenüber, wenngleich diese bei Herr und Frau Margesin ausschließlich ein zuckersüßes Gehabe an den Tag legte. Zunächst hatte Rosa sich noch über die mitunter geradezu gehässige Art der Hausmeisterin gewundert, sie war es von Haus aus gewohnt, ihren Mitmenschen mit Wohlwollen und Freundlichkeit zu begegnen, aber dann entschied sie, die Frau müsse einfach verbittert sein, so kinderlos und mit diesem Rüpel von Mann am Hals. Rosa schenkte den beiden bald keine weitere Beachtung. Zu tun hatte sie ohnehin genug mit den drei Kleinkindern, deren ganze Verantwortung allein auf ihren Schultern lag.

Aber dann veränderte sich das Verhalten des Hausmeisters von Desinteresse hin zu Anzüglichkeiten. Etwas hatte es gebraucht, bis es Rosa – beschäftigt wie sie war – auffiel, dass der Hausmeister ihr regelrecht nachstellte. Immer häufiger tauchte er ganz plötzlich auf, genau dann, wenn Rosa zufällig mal ohne die Kinder war, beispielsweise, wenn diese etwas abseits von ihr im Garten spielten. Rosa bekam es richtig mit der Angst zu tun. Begonnen hatte es mit lüsternen Blicken, die der Hausmeister immer unverhohlener auf sie richtete. Dann ging er über zu anzüglichen Bemerkungen, bis er auch nicht mehr davor zurückschreckte, Rosa mit seinen schwulstigen Fingern zu begrapschen.

Der Hausmeister hatte ja leichtes Spiel. Herr und Frau Margesin waren so gut wie nie zu Hause, die kleinen Mädchen bekamen ohnehin nichts von seinen Nachstellungen und sexuellen Anspielungen mit, da musste er sich gar nicht sonderlich bemühen, sein Tun zu verstecken, und seine Frau war so gut wie immer in der Hausmeisterwohnung. Ganz davon abgesehen, dass die ohnehin nicht gut auf Rosa zu sprechen war. Längst war ihnen beiden die große Sympathie, die Rosa von Luis und Dora entgegengebracht wurde, ein Dorn im Auge. Auch, dass sie so gut mit den Kindern zurechtkam, mochte ihnen so gar nicht gefallen. Der Neid nagte deshalb schwer an ihnen beiden. Er für seinen Teil würde die widerspenstige Göre schon noch zähmen und ihr beibringen, dass sie sich seinem Willen zu fügen hatte. Für ihn waren sie allesamt scheinheilige Dinger, die sich recht anschickten, aber im Grunde nur ihre Erfahrungen sammeln wollten. Die hatte er alle schon längst durchschaut. Rosa war da beileibe keine Ausnahme. Gut, sie mochte nicht gleich auf seine Anzüglichkeiten eingehen, aber das gehörte dazu. Er kannte diese Spielchen, und sie führten nur dazu, dass sie ihn noch mehr aufreizten. Er würde schon noch kriegen, wonach ihm gelüstet, das stand außer Zweifel. Vorerst würde er sich mit lüsternen Blicken und eindeutigen Gesten begnügen, und wenn sich die Gelegenheit bot, könnte er Rosa ja auch schon mal etwas abgreifen, so als Vorgeschmack auf das, was noch kommen kann.

Rosa war indes das unsittliche Gebaren des Hausmeisters längst aufs Äußerste unangenehm. Sich vor ihm in Acht zu nehmen, diesem garstigen Menschen auszuweichen, wurde für Rosa bald zum reinsten Spießrutenlauf. Zur größten Herausforderung ihres Alltags bei den Margesin. Dann kam es doch zu diesem Übergriff, der alles ins Wanken brachte.

Rosa hüpfte schnell mit dem Korb voller Schmutzwäsche runter in die Waschküche. Einen kurzen Augenblick hatte sie überlegt, die Mädchen mitzunehmen, dann aber diesen Gedanken wieder verworfen. Flinker war sie ohne die Kinder, also hatte Rosa die zweijährige Erika in den Laufstall gesetzt und die fünfjährige Maria gleich dazu. Monika hatte die strenge Anweisung erhalten, gut auf die beiden Schwestern aufzupassen, sie sei gleich zurück. Mit dem vollbepackten Korb in den Händen eilte Rosa das Stiegenhaus hinunter. Sie wusste, sie musste auf der Hut sein. Irgendwo konnte der alte Lustmolch auf der Lauer liegen. Da stand er wie aus dem Nichts urplötzlich neben ihr, drückte seinen dicken Wanst gegen sie und äußerte frivole Obszönitäten. Seine Hände waren überall an ihrem Körper. An ihrem Busen, zwischen ihren Beinen. Als Rosa sich anstellte loszuschreien, da presste der Hausmeister eine Hand auf ihren Mund. Die Angst, die Rosa ausstand, weckte ihren Widerstand. Mit Kraft biss sie in des Hausmeisters Finger, dass dieser laut johlend von ihr abließ. Nur mit Müh und Not und Dank einer schnellen Drehung gelang es Rosa, sich aus der misslichen Lage zu befreien. Doch als sie schon auf dem Weg die Treppe hinauf war, da spurtete der Hausmeister hinter ihr her, zog sie an den Haaren zurück und drohte mit gepresster Stimme: „Wehe, du erzählst jemanden auch nur ein Sterbenswörtchen davon, dann lernst du mich erst richtig kennen! Zuerst machst du mir schöne Augen, dann läuft nix! Schlampe vermaledeite!"

„Lass mich los, du alter Bock!", brachte Rosa mit letzter Kraft hervor, riss sich los, stürmte die Stufen hinauf zur Wohnungstür und schloss diese blitzschnell hinter sich zu. Ein paar Minuten stand Rosa nur da, mit dem Rücken an die Tür gelehnt und atmete schwer. Sie musste sich erst wieder fassen, ehe sie zurück zu den Mädchen konnte. Sie richtete sich ihre zerzausten Haare, stopfte die Bluse wieder unter den Rock und strich diesen glatt. Kurz musste sie nachdenken, was eben passiert war. *Die Wäsche!* Schoss es ihr durch den Kopf. Den Wäschekorb samt Inhalt hatte sie fallen lassen, wie der Hausmeister über sie hergefallen war. Die Wäschestücke auf dem Boden im Stiegenhaus waren verräterisch. Leise öffnete Rosa die Tür einen Spalt, hörte in das Stiegenhaus hinaus. Als sie keinen Laut vernahm, da wagte sie sich hin zum Treppengeländer und spähte in die Tiefe. Aber Wäsche war da keine mehr zu sehen. Die musste der Hausmeister eingesammelt haben, um sämtliche Spuren zu verwischen. Rosa ging zurück zu den Kindern und überlegte, wie sie sich nun verhalten sollte. Die ganze Sache war äußerst unangenehm. Aber wie Rosa noch dabei war, abzuwägen, ob sie sich Frau Margesin anvertrauen sollte, da war es schon Dora, die ein klärendes Gespräch anfing.

„Rosa, du sollst meinen Mann verführt haben. Stimmt das?", streng sah Dora ihrem Kindermädchen in die Augen.

„Das ist eine Lüge!", Rosa verstand die Welt nicht mehr. Wurde sie jetzt beschuldigt mit ihrem Dienstherren eine Liebesbeziehung zu haben? Sie mit Luis?

„Nun, mir ist was anderes zu Ohren gekommen. Du sollst meine Abwesenheit ausgenutzt haben, um mich zu hintergehen", fuhr Dora Margesin unbeirrt fort. Rosa konnte sich selbst zusammenrechnen, dass diese Verleumdung nur von dem Hausmeisterehepaar gekommen sein konnte. Also versuchte sie, sich zu verteidigen, indem sie erzählte, was in der Abwesenheit der Hausherren wirklich vorgefallen war. Sie begann mit den Nachstellungen des Hausmeisters, seinen unsittlichen Berührungen und endete mit der versuchten Vergewaltigung unlängst im Stiegenhaus. Zum Äußersten sei es nur nicht gekommen, weil sie sich erfolgreich, mit einem Biss in des Hausmeisters Finger, habe wehren können. Dora hörte sich Rosas Erklärungen an und stellte den Hausmeister zur Rede. Natürlich bestritt dieser alle Anschuldigungen, den verbundenen Finger rechtfertigte er mit einer Verletzung beim Holzhacken und seine Ehefrau gab ihm ein Alibi.

Nun stand Rosa auch noch als Lügnerin da. Mochte die Geschichte, die Rosa ihr aufgetischt hatte, auch der Wahrheit entsprechen, so ließ sich dennoch nichts davon beweisen. Und der Hausmeister hatte mit der möglichen Untreue ihres Gatten Dora einen Floh ins Ohr gesetzt. Die letzte Zeit war für ihren Mann nicht einfach gewesen. Sie hatte mit ihrem Leiden zu kämpfen, war wenig zu Hause, dafür umso öfter in der Klinik. Sie konnte verstehen, dass ihr Mann Bedürfnisse hatte. Mit einem jungen Kindermädchen im Haus mochte es nur eine Frage der Zeit sein, bis sich bestimmte Gelegenheiten boten. Deshalb musste Dora nicht lange überlegen: „Rosa, ich möchte, dass du uns verlässt!"

Nun saß Rosa mit verheultem Gesicht zu Hause in Garn bei ihren Eltern in der Stube und hatte von ihrem äußerst schlimmen Erlebnis, das ihr in Lana widerfahren war, berichtet. Davon, dass sie um ein Haar von einem lüsternen Scheusal vergewaltigt, anschließend von einer neidigen Alten verleumdet und schließlich von einer Ehefrau, die an der Treue und Verbundenheit ihres Gatten zweifelte, rausgeschmissen worden war. Und alles, was ihr Vater dazu zu sagen hatte, war, sie solle sich nicht so anstellen.

„Wegen dem bisschen Angreifen, das wäre doch nicht so schlimm gewesen", legte der Vater noch eines nach. Er konnte nicht begreifen, dass Rosa diese gute Stelle aufgegeben hat. Wäre sie dem Hausmeister etwas entgegengekommen, wäre alles in Ordnung geblieben. So leicht war es nun wirklich nicht, eine Stelle zu bekommen, so ganz ohne Ausbildung. Und zurück zu den Bauern wollte Rosa ja auf keinen Fall. „Oder?"

„Nein! Nicht ums Verrecken! Aber wenn ich mich vergewaltigen lassen muss, dann bleibe ich auch bei den Margesin nicht!", schluchzte Rosa herzerweichend. Da meldete sich endlich auch die Mutter zu Wort. Wenn dem Vater die Angst vor sexualisierter Gewalt auch fremd war, so hatte die Mutter doch gut verstanden, was Rosa durchgemacht haben musste.

„Du hast recht. Da musst du nicht bleiben. Gut, dass du gegangen bist!", sagte sie entschieden und schloss ihre Arme beschützend um ihre Tochter.

Lange musste Rosa dann doch nicht zu Hause mitversorgt werden. Denn, was keiner von ihnen zu diesem

Zeitpunkt ahnen konnte, war, dass Rosa längst schon vermittelt worden war, und zwar von ihrer um zwei Jahre älteren Schwester Sophia. Ihre Heiratsabsichten führten zu ihrem Dienstende bei der *famiglia* Porzio in Meran, und Sophia hatte der *Signora* Aimea gegenüber nur zu erwähnen brauchen, dass Rosa, die erneut auf Arbeitssuche war, für sie einspringen könnte. Schon machte sich Aimea auf den Weg nach Garn. Telefon gab es bei Rosa zu Hause keines, und auf den unsicheren Postverkehr wollte sich die *Signora* nicht verlassen. Dazu war ihr die zuverlässige Betreuung ihrer Daniela zu wichtig. Da nahm sie lieber die Strapazen der Fahrt von Meran nach Garn auf sich, um sich selbst vor Ort ein Bild zu machen.

So saß an einem Nachmittag im Frühjahr 1959 die elegante Aimea Porzio in der Stube des bescheidenen Heimathofes ihres Kindermädchens. Überbrachte Grüße von Sophia und eröffnete den Eltern und Rosa ihr Anliegen, unbedingt ein geeignetes Kindermädchen für ihre Kleine mit Downsyndrom zu benötigen. Sie habe bereits schlechte Erfahrungen gemacht. Ein Kindermädchen hatte Daniela einfach in das Zimmer eingesperrt und anschließend die Wohnung verlassen. Wie sie dann nach Hause kam, da habe sie das weinende, angsterfüllte Mädchen in ihrem Bettchen vorgefunden. So etwas könne sie nicht mehr ertragen.

Rosa ließ sich dann auch nicht lange betteln. Alles schien ihr besser, als den Eltern noch länger auf der Tasche zu liegen. Als die *Signora* sich am späteren Nachmittag auf den Rückweg nach Meran machte, saß Rosa schon mit gepacktem Koffer neben ihr auf dem Beifahrersitz, bereit, ihren Dienst als Kindermädchen für Daniela anzutreten.

In Meran wohnte die *famiglia* Porzio in einer schönen Wohnung. Rosa bekam ein eigenes, wenn auch kleines Zimmer mit eigenem Bad, das sich gleich neben dem Zimmer von Daniela befand. Rosa hatte rund um die Uhr für das inzwischen vierjährige Mädchen da zu sein. Daniela konnte zu dem Zeitpunkt weder gehen, noch alleine essen. Sie war auch nicht stubenrein.

Rosa hat sich von Beginn an intensiv mit Daniela beschäftigt. Dabei hat sie sich nicht anders verhalten, als sie das mit einem gesunden Kind gemacht hätte. Kleine Geschwister hatte sie zu Hause ja genug, und schließlich war ja auch Erika, als sie bei den Margesin angefangen hatte, noch ein Säugling gewesen. Mit Daniela ging Rosa nur viel behutsamer und sanfter um, war viel geduldiger und verständnisvoller, wenn diese bockig reagierte. Denn Daniela konnte sehr böse werden. Nicht selten, dass Rosa den einen oder anderen Schlag von ihr abbekommen hat. Der tat dann auch gehörig weh. Oft genug hat sie den Teller, aus dem Rosa sie gefüttert hat, einfach auf den Boden geworfen. In solchen Situationen erinnerte sich Rosa des scharfen Blicks ihrer Lehrerin, die damit den großen Lausbuben in der Klasse die Schneid abgekauft hatte. In der Garner Volksschule war nämlich jede Lehrerin aus Angst vor den großen Buben davongelaufen. Besonders auf die Italienischlehrerinnen hatten sie es abgesehen. „Du *walsche Fetze!*" und „Du *walsche* Lusche!" riefen sie hinter ihnen her. Natürlich verstanden die Italienerinnen kein deutsches Wort und wurden der rotzfrechen Bauersburschen in keinster Weise Herr. Da hörte der Schuldirektor von Klausen von einer Hilfslehrerin aus Lajen, in deren Klassen Zucht und

Ordnung herrschte. Ihr bot er an, wenn es ihr gelänge, die groben Buben in Garn unter Kontrolle zu bringen, dann würde er ihr das Diplom schenken, und sie könne gleich als Grundschullehrerin anfangen. So ist es tatsächlich gekommen. Denn sie wusste, wie sie vorzugehen hatte. Mit dem Stock auf dem Rücken stellte sie sich vor jedem Einzelnen hin und blickte ihm scharf in die Augen. Sie verlor dabei kein Wort. Der strenge Blick genügte, um Ruhe in die Klasse zu bringen. Keiner der Buben hatte sich je wieder getraut, den Unterricht durch Ungehorsamkeit oder Frechheiten zu stören. Und genau diese Taktik wandte nun auch Rosa bei Daniela an, wenn sie so gar nicht folgen wollte. Und siehe da, Daniela mochte diesen strenge Blick gar nicht.

„Nicht so große Augen machen!", stotterte Daniela sogleich, wenn Rosa sie mit großen, starren Augen anblickte.

„Wenn du nicht brav bist, dann mache ich diese großen Augen!", war Rosas knappe Antwort. Aber der strenge Blick hatte tatsächlich geholfen. Mit der Zeit wurde Daniela immer folgsamer und ruhiger. Eine Strafe für ungehorsames Verhalten musste es zwar dennoch geben, sie musste meist früher zu Bett gehen, aber wenn sie dann in ihrem Bettchen lag, hat sie ihr falsches Verhalten doch auch eingesehen. Leise begann sie zu weinen und wollte Rosa bei sich wissen. Zaghaft war ihr Stimmchen zu hören „Rosa! Rosa!", denn lange konnte Daniela nie böse sein. Sprechen konnte sie generell nicht gut. Da Aimea auch Deutsch konnte und mit Rosa, besonders in der Anfangszeit, viel Deutsch gesprochen hat, schnappte sich Daniela das eine oder andere Wort auf Deutsch auf. Natürlich konnte sie die Wörter nicht den Sprachen zuordnen, weshalb sie im Wesentlichen ein

Mischmasch aus Deutsch und Italienisch daherplapperte. Aber sie machte auch hier Fortschritte. Wie überall. Der *ingegnere* und die *Signora* waren über alle Maße erstaunt, was Daniela doch imstande war zu erlernen und wie selbstständig sie dank Rosas Fürsorge geworden war. Rosa hatte das irgendwie einfach im Gespür. Instinktiv verstand sie, wie sie mit Daniela umzugehen hatte, dass diese in ihrer Entwicklung bestens unterstützt wurde.

Für die *Signori* stand es außer Frage, sie wollten Rosa mit nach Rom nehmen. Noch vor Jahresende sollte der *ingegnere* dort mit der Betreuung von zwei Kirchenbauten beginnen. Die Übersiedelung nach Rom wurde deshalb, das halbe Jahr über, das Rosa bei der *famiglia* Porzio in Meran verbrachte, geplant und vorbereitet. Dann hatten sie auch noch von dieser französischen Koryphäe gehört. Zwei-, dreimal die Woche, so hatte man ihnen bestätigt, würde der Arzt nach Rom fliegen, um dort zu praktizieren. Aimea wurde über alle Maße aufgeregt und konnte die Abreise kaum noch erwarten. Angeblich sollte er Kinder mit Downsyndrom heilen können. Aimea und auch ihr Mann setzten alle Hoffnung in die erfolgreiche Behandlung von Daniela. Womöglich könne das Wunder, eine gesunde Tochter zu haben, für sie doch noch Wirklichkeit werden. Dafür wollten sie keine Kosten scheuen. Bangen Herzens zählten sie die Tage, bis sie endlich in Rom den Termin zum Erstgespräch wahrnehmen konnten. Aber vorher war noch eine Hürde zu nehmen. Ohne Rosa würde das Unterfangen Rom womöglich in einer Katastrophe enden, weshalb sie ihr Kindermädchen inständig baten, unbedingt mit ihnen zu kommen. Mit einer Lohnerhöhung verliehen sie ihrer

Bitte zudem Nachdruck. Rosa hatte bereits in Meran mit monatlich 20.000 Lire einen für Südtiroler Verhältnisse äußerst guten Lohn erhalten. Wenn sie mitkäme, so die *Signori*, dann wären sie bereit, ihren Lohn auf 25.000 Lire zu erhöhen. Das teilten sie Rosa noch mit, ehe sie aufbrach, um ihre Absichten, nach Rom zu fahren, mit ihren Eltern zu Hause in Garn zu besprechen.

„Nein, in die *Walsch* hinunter gehst du mir nicht!", missbilligte der Vater hinter der Ofenbank heraus Rosas Vorhaben, die *famiglia* Porzio ins ferne Rom zu begleiten.

„Ich erschlage dich, bevor du Rom runter kommst!", polterte ihr Bruder Jakob derb. Auf die Italiener war er gar nicht gut zu sprechen, und dass seine Schwester nun die Absicht hatte, Südtirol zu verlassen, um auf italienischsprachigem Territorium zu arbeiten, das kam für ihn einem Verrat gleich. Aber Rosa war nicht auf den Mund gefallen, sie wusste sich zu wehren.

„Wenn du mich erschlägst, wirst du bei den *Walschen* im Kerker dafür lange schmachten müssen!", konterte sie schnippisch. Franz, ihr ältester Bruder, der sich auch zum Familiengericht in der Stube eingefunden hatte, sah Rosa von der Seite nur herablassend an und ahnte schon mehr als die anderen: „Ich weiß nur eins: Wenn du nach Rom runter gehst, dann wirst du mit einem vollen Bauch zurückkommen! Mehr sag ich nicht!"

„Das, lieber Franz, kann ihr auch hier bei uns passieren", verteidigte die Mutter Rosa, die dem lüsternen Hausmeister in Lana ja nur mit Müh und Not entkommen war.

„Ihr müsst mir erlauben, mit den Porzio nach Rom zu fahren!", begann Rosa einen neuen Anlauf, „sonst muss ich mir wieder eine neue Stelle suchen, und das schaffe ich nicht mehr!" Mit flehenden Augen versuchte Rosa sich das Einverständnis zu erbetteln. „Ich werde da gut behandelt, bekomme einen guten Lohn", schluchzte sie.

Die Porzio waren äußerst großzügige Dienstherren. Das war bei den Südtiroler Familien nicht immer so, so viel hatte Rosa schon am eigenen Leib erfahren. Hier galt meist: Je reicher, desto klammer. Von der Schinderei, dem Fraß und dem Hungerlohn bei den Großbauern mochte sie gar nicht erst anfangen. Bei den Margesin wurde sie zwar besser bezahlt, aber beim Essen hatte man ihr auch nur jenes zugestanden, was von der Familie übriggeblieben war. Nicht so bei den Porzio. Dort aß sie genau die gleichen Gerichte, die sie für die *famiglia* zubereitete: das Schnitzel, den Salat, die *lasagne*, das Gemüse, die Nachspeise. Alles, genau gleich. Da gab es keine Unterschiede. Und Rosa wollte einfach keine neuen Dienstherren. Sie wollte diese gute Stelle nicht aufgeben, dafür hatte sie bereits zu viele schlechte Erfahrungen gemacht, hatte erleben müssen, wie sie ausgenützt wurde, wie man sie zu Unrecht behandelt hat, wie sie gar verleumdet worden war. Nein, ihre Eltern mussten hier ihren Segen geben. Rosa hob den Blick und flehte aus ihren mit Tränen gefüllten Augen ihre Eltern förmlich an. Da kamen die entscheidenden Worte aus dem Mund der Mutter, der die blanke Not in Südtirol nur zu gut bekannt war. Ihre Tochter sollte diese Chance nützen dürfen. „So einen guten Lohn bekommt Rosa bei uns nirgendwo. Sie fährt nach Rom und damit basta!"

Froh und erleichtert, dass sie von zu Hause den Segen bekommen hatte, saß Rosa im Zugabteil in Richtung Süden und freute sich auf die bevorstehende Zeit, auf die neue Stadt, auf das neue Leben. Rom war ein regelrechtes Abenteuer. Die Porzio waren selbstverständlich für die Fahrtkosten aufgekommen und hatten ihr das Zugticket nach Rom bezahlt. Gemeinsam mit dem *ingegnere*, der *Signora* und Daniela waren sie am Morgen auf dem Bozner Bahnhof in den Zug gestiegen. Rosa hatte man in der zweiten Klasse untergebracht, während die *famiglia* Porzio in der ersten Klasse reiste. Aber Aimea hatte sich sehr um Rosa gekümmert. Immer wieder hatte sie bei ihrem Kindermädchen vorbeigeschaut, hatte sich erkundigt, ob es ihr an etwas fehle, und hatte sie ausreichend mit Nahrungsmitteln und Getränken versorgt. Rosa ging es rundum gut. Von sich aus hätte sie nie gewagt, sich dem elterlichen Willen zu widersetzen. Mochten auch ihre Brüder noch solche *Walschenhasser* sein, sie hatte nichts gegen Italiener. Im Gegenteil. Und dass sie nun mit der elterlichen Zustimmung aufbrechen konnte, machte sie doppelt glücklich.

War die Wohnung der Porzio in Meran schon eine stattliche gewesen, so wurde sie von der Wohnung in der *via Vittorio Alfieri* noch um einiges übertroffen. Rosa bestaunte die großzügige Raumeinteilung, die vielen verschiedenen Zimmer und die vielen Bäder. Sie selbst bekam eine eigene Miniwohnung, die in die Prachtwohnung der Porzio integriert war. Ihr eigener Schlaf- und Wohnraum war hell und geräumig, davor gab es eine kleine Diele, und in ihrem eigenen Badezimmer stand sogar eine Badewanne. Rosa empfand alles als großen Luxus. Rom war einfach herrlich! Sie fühlte sich vom ersten Augenblick ihrer Ankunft wohl in dieser Stadt. Und ihre Dienstherren waren so feine

Leute, die ihrerseits überaus glücklich waren, dass sie Rosa bei sich wussten. Sie schätzten deren Umgang mit Daniela ungemein.

„Du hast so eine feine Art mit Daniela umzugehen, das ist einfach wunderbar!", freute sich die *Signora* Aimea und drückte dabei liebevoll die Schultern ihres Kindermädchens. Daniela hatte einen großen Entwicklungsschub gemacht, seit Rosa sich mit ihrer Tochter beschäftigte, das war einfach nicht zu übersehen. Dadurch, dass Rosas Miniwohnung über eine Zwischentür mit dem Schlafzimmer ihrer Tochter verbunden war, konnten sie und ihr Mann auch ohne Sorgen ausgehen, da sie wussten, Daniela war in guten Händen. Und Daniela begann immer mehr an ihrem Kindermädchen zu hängen. Anfangs hatte Rosa noch in der Küche, getrennt von der *famiglia*, die im Esszimmer speiste, ihre Mahlzeiten eingenommen. Aber bald verlangte Daniela, dass sie gemeinsam mit Rosa essen wollte, weshalb die *Signora* in die Küche kam, um Rosa zu bitten, sich künftig zum Essen gemeinsam mit ihnen an den Tisch zu setzen.

Für Daniela gehörte Rosa zur Familie, und sie wollte sie in ihrer Nähe wissen. Wenngleich Rosa auch von Anfang an einen Tag in der Woche zu ihrer freien Verfügung bekam, so war sie doch eng an den Tagesrhythmus von Daniela gebunden. Die Nächte über hatte sie ohnehin immer ein Ohr auf die Geräusche im Nebenzimmer, wo Daniela schlief, und tagsüber war sie – bis auf die Stunden an ihrem freien Tag – von früh bis spät in deren Nähe. Täglich machte Rosa das Mädchen für einen Spaziergang zurecht. Setzte es in den Kinderwagen und schob die inzwischen Fünfjährige, die fröhlich vor sich hinplapperte, in den nahegelegenen *giardino di Vittorio Emanuele.* Diese großzügige Parkanlage wurde bald zu ihrem Lieblingsort. Wenn die Zeit reichte, dann schob Rosa den Kinderwagen auch gerne durch die Gassen und Straßen in ihrem Viertel, und Daniela bestaunte, was es alles zu sehen gab.

Zum Einkaufen machte sich Rosa, nachdem ihr die *Signora* alle wichtigen Ziele gezeigt hatte, lieber alleine auf den Weg. Die Markthalle für Fleisch, Fisch und Brot war gleich um die Ecke. Für Obst und Gemüse ging Rosa zur *piazza Verdi.* Rosa liebte das rege Treiben auf dem Markt und die Farbenpracht der auf den vielen Verkaufsständen feilgebotenen Waren. Die allermeisten davon waren Obst- und Gemüsesorten, von denen sie zu Hause noch nicht einmal gehört hatte: *zucchine, peperoni, melanzane, finocchi.* Und die *carciofi* schmeckten ihr am besten von allen. Gerne gefüllt mit Faschiertem oder mit Käse überbacken, aber am allerliebsten *alla romana*, einfach nur im Ganzen gegart mit Salz, etwas Grünzeug und wenig Olivenöl. Eine wahre Delikatesse. Rosa stellte auch fest, dass sie Fisch mochte. Wieder etwas, was sie von zu Hause nicht kannte. Die *coda di rospo,* der Seeteufel, wurde zu ihrem Lieblingsfisch, auch weil der keine lästigen Gräten hat, auf die man beim Essen so akribisch aufpassen muss, um sie nicht zu verschlucken.

Bei jeder Mahlzeit wurden mindestens drei Gänge gereicht. Eine Vorspeise, hier bevorzugte der *ingegnere* Spaghetti in allen Varianten, mit gebratenem Gemüse, mit Fleisch- oder Fischragout, mit Parmesan und Olivenöl oder *alla carbonara*, anschließend ein Hauptgang und zum Abschluss wurde noch ein Nachtisch serviert, selbst am Werktag! Bekam Rosa zu Beginn noch öfter den Mund nicht mehr zu vor Staunen über die Üppigkeit und Vielfalt der Lebensmittel und Zubereitungsarten hier in Rom, so gewöhnte sie sich doch recht schnell an den Überfluss und die vielen anderen angenehmen Dinge.

Nachdem sie die anfängliche Scheu verloren hatte, fand auch sie, das Bergmädel, zu einem gewissen Selbstbewusstsein, und der Weg auf den Wochenmarkt wurde ihr zur lieben Routine. Aimea drückte ihr nur mehr Geld und den Einkaufszettel in die Hand, und Rosa machte sich sicher auf zum Obst- und Gemüsemarkt auf der *piazza Verdi*. Wie sie noch überlegt, bei welchem Stand ihr der Kopfsalat am besten gefiel, da vernahm sie bei der jungen Frau vor ihr einen verdächtigen Akzent.

„Du bist aber keine Italienerin!", sprach Rosa sie spontan auf Deutsch an.

Etwas verdutzt drehte sich die junge Frau zu Rosa um und lachte: „Nein, ich bin Südtirolerin! Du etwa auch?" Rosa erfuhr, dass sie Monika hieß und aus Schlanders im Vinschgau stammte. Monika war schon länger auf einem Dienst hier in Rom und kannte sich bereits gut mit den Gepflogenheiten der deutschsprachigen Dienstmädchen aus. Rosa hörte, dass sie gar nicht so wenige waren und dass es sogar einen Ort gab, wo sich diese Dienstboten trafen. Immer an den Sonntagnachmittagen boten die Klosterfrauen der Kirche *Santa Maria dell'Anima* dem römischen Dienstpersonal, hauptsächlich dem deutschsprachigen, einen Aufenthaltsraum. Gerne kam Rosa mit Monika mit und lernte dort auch Emmi kennen. Emmi war eine Meranerin und ein durchaus eingebildetes Frauenzimmer, wie Rosa fand. *Da teilt man das gleiche Schicksal, und die denkt, sie sei etwas Besseres!* Rosa rümpfte die Nase, mit der würde sie keine enge Freundschaft verbinden. Aber als Monika dann überraschend eröffnete, dass sie Rom vorzeitig verlassen werde, da ihr Freund aus Schlanders endlich heiraten wollte, blieb Rosa dann doch etwas länger mit Emmi befreundet. Mehr aus der Not heraus, denn wirklich verstanden hatte sie sich nicht mit ihr. Schließlich hatte Rosa dann aber die Bekanntschaft von Marianna aus Sardinien, dieser wirklich liebenswerten Person, gemacht, wie sie auf dem Heimweg des Sonntagsgottesdienstes gewesen ist. Sie hatte nicht gleich bemerkt, dass Marianna und sie haargenau den gleichen Rückweg nahmen, denn Rosa war ganz versunken gewesen in ihre eigenen Gedanken.

Heute hat er mich angesprochen! Und sich vorgestellt! „Bruno", flüsterte sie. *So ein fescher Kerl!* Gefallen hatte er ihr gleich. Auf jeden Fall entschieden besser als der andere, der bei ihm stand. Beide waren sie ihr nach der Messe nachgegangen. Den Mut, sie anzusprechen, hatte dann aber der andere, nicht Bruno. Beide standen sie vor ihr in ihrer Uniform der Finanzwache. Sie sahen sehr passabel aus. Das gefiel Rosa. Wie sie heiße, wurde sie gefragt, und als sie stehen blieb und ihren Namen nannte, da taten die beiden jungen Kavaliere ihr auch gleich mit schmeichelnden Worten schön. Schon länger sei sie ihnen aufgefallen, hier bei der Messe in der Kirche *Basilica di Sant'Antonio*, ließen sie Rosa wissen. Wo sie zu Hause sei, fragten sie weiter. Wenn sie in diese Kirche käme, müsse sie ja hier irgendwo in der Nähe wohnen. Ihre Finanzkaserne sei im Übrigen gleich um die Ecke. Dort würden sie ihre Ausbildung zum Offizier der Finanzpolizei absolvieren. Rosa hatte natürlich bemerkt, dass immer mehrere junge Männer in Uniform, allesamt Offiziersanwärter, wie sich nun herausstellte, ebenso in der Messe saßen. Aber keinem von ihnen hatte sie größere Beachtung geschenkt. Sie dagegen, jung und alleine in der Messe sitzend, war den Burschen wiederum gleich aufgefallen. Aber hier auf dem Kirchplatz so offen von zwei jungen Männern angesprochen zu werden, war Rosa irgendwie unangenehm. Der eine hatte ihr gleich gar nicht gefallen. Bruno dagegen schon eher. Aber das wollte sie ihm auch nicht sofort auf die Nase binden. Also ließ sie die beiden Verehrer einfach stehen und ging weiter. Natürlich folgten sie Rosa und fingen an, untereinander zu hadern. Zumindest hörte es sich für Rosa so an. Gedämpft wie sie miteinander sprachen, konnte sie nicht alles verstehen, nur, dass es nicht unbedingt Worte der Freundschaft waren, die sie miteinander wechselten, war nicht zu überhören. Weil Rosa eins und eins zusammenzählen konnte, wollte sie dem Gezanke ein Ende bereiten und sagte: „Um mich braucht ihr euch nicht zu streiten. Ich gehe alleine weiter!" Das wiederum ließen die beiden Burschen nicht gelten und fuhren unbeirrt mit ihrem Werben fort.

Rosa erkannte deren Hartnäckigkeit und verstand, die würden erst aufhören, wenn sie einem der beiden eine Abfuhr erteilte. Also drehte sie sich abrupt um. „Wenn schon, dann gehe ich nur mit dem Bruno mit!", sagte sie bestimmt und sah, wie sich die Mine des einen verdunkelte, während Bruno förmlich zu strahlen begann. Er war der Auserkorene. Rosa hatte ihm den Vorzug gegeben. Nachdem sein Kommilitone, wenn auch widerwillig, aber schließlich doch von dannen zog, schlug Bruno einen gemeinsam

Kaffeehausbesuch vor. Der kam für Rosa so unvermittelt natürlich gar nicht infrage. Zögerlich stimmte sie aber einem Treffen am darauffolgenden Sonntag nach der Messe zu. Zufrieden über dieses in Aussicht gestellte Wiedersehen ließ Bruno sie dann doch weitergehen.

Ganz benommen hatte Rosa sich auf ihren Rückweg gemacht und die längste Zeit gar nicht richtig wahrgenommen, was um sie herum passiert. Alles in ihrem Kopf drehte sich um den feschen Kerl. Wiederholt sprach sie seinen Namen ganz leise vor sich her. *Ein Omen?* Sofort hatte sie sich nämlich an ihre Lieblingsklosterfrau in der Bozner Marienklinik erinnert, als sie die paar Monate in der Familienhelferinnenschule gewesen war. Bruna war ihr die Liebste von allen gewesen. Weil sie diese Nonne so mochte, verband sie auch mit ihrem Namen nur Positives, sodass Bruna einfach nur wunderschön in ihren Ohren klang. Und nun hieß ihr Verehrer ausgerechnet Bruno. *Wenn das kein Zufall ist?* Rosa begann langsam Schmetterlinge in ihrem Bauch zu spüren, wie sie dann doch bemerkte, dass die Frau vor ihr aus der Kirche genau wie sie vor demselben Eingangsportal stehengeblieben war. Und nun war sie es, die ihr Glück kaum fassen konnte, denn an diesem Sonntagmorgen hatte Rosa gleich zwei Lieblingsmenschen kennengelernt: Marianna aus Sardinien und Bruno, der in der Stadt Aquila in den Abruzzen zu Hause war.

Dieser Morgen war der Beginn von Rosas unbeschwerter, wunderbarer Zeit, die sie in Rom frei und eigenständig leben durfte. In Bruno fand sie ihre große Liebe und in Marianna eine Schicksalsgenossin, mit der sie bald eine schöne Freundschaft verband.

Ihre Arbeit bei der *famiglia* Porzio gefiel ihr ausnehmend gut. Ein halbes Jahr nach ihrer Ankunft hatte man ihren Lohn zudem auf 30.000 Lire angehoben, sie wurde vom *ingegnere* wie von der *Signora* überaus gut behandelt und Daniela, die längst sehr an Rosa hing, war ihr richtig ans Herz gewachsen. Etwas hatte es gedauert, bis der Schmerz beim *ingegnere* und der *Signora* wieder abgeklungen war, nachdem sie erfahren mussten, dass es für Daniela keine Hilfe gab. Bei ihr sei die Krankheit schon zu weit fortgeschritten, als dass man noch etwas an ihrem Krankheitsbild verändern könne, lautete die Diagnose des französischen Arztes. Dem Downsyndrom könnte vorgebeugt werden und es wäre behandelbar, das war zu Beginn der Sechzigerjahre wohl noch die gängige Lehrmeinung. Man wusste noch nicht, dass es keine Therapie gibt, die den veränderten Chromosomensatz zu regulieren vermag. Die genommene Hoffnung war ein schwerer Schlag für den *ingegnere* und die *Signora*. Erst allmählich fanden sie wieder zu Optimismus und Lebensfreude zurück. Und die *Signora* begann, sich erneut mehr für das Wohlergehen ihres Dienstmädchens zu interessieren.

„Hast du noch keinen Freund gefunden, hier in Rom? Das kann doch nicht sein, ein junges, hübsches Mädchen wie du?", begann sie ungezwungen, wie Rosa in der Küche dabei war, Daniela den nachmittäglichen Obstbrei einzulöffeln, und die *Signora* dazu kam, um sich einen Espresso zu machen.

Rosa hob ihren Kopf. Der *Signora* würde sie sich anvertrauen können. Bei ihr hatte sie schon länger gespürt, dass bestimmte Dinge anders bewertet wurden, als sie es bisher gewohnt war. Zu Hause galt man schnell als Flittchen. Einzig die Ehe wurde akzeptiert, denn eine Freundschaft zu einem Mann wäre nie geduldet worden. Schon gar nicht zu einem Italiener. Da war man dann gleich unten durch. Rosa waren die unzähligen Schimpfwörter, mit denen ihre Brüder Frauen verunglimpften, die sich mit einem Italiener eingelassen hatten, bestens bekannt. Aber die *Signora* war anders. Das konnte Rosa spüren, deshalb fasste sie sich ein Herz und erzählte von Bruno. Dass er ein Offiziersanwärter sei, dass sie ihn in der Kirche kennengelernt habe und dass sie einander seit ein paar Monaten regelmäßig trafen. Unlängst sei sie mit Bruno zum Petersdom gefahren, um auf die Kuppel zu steigen. Ganz hinauf. Ihr sei fast schwindlig geworden da oben. Der Aufstieg war mehr als waghalsig. Aber der Ausblick über die Stadt war wirklich atemberaubend.

„Willst du ihn nicht einmal mit herauf in die Wohnung bringen?", fragte die *Signora* dann ganz ungeniert. Natürlich wollte Rosa. Bruno und sie hatten längst bemerkt, dass es gar nicht so einfach ist, wenn man sich immerzu nur auf offener Straße treffen konnte. Viele Möglichkeiten zur Intimität gab es da wirklich nicht. Überall hatte man Acht zu geben, dass man sich sittsam benahm. Mitunter hatten sie schon strenge Blicke abbekommen, wo sie doch „nur" Händchen gehalten hatten. Geschweige, dass sie einander eng umarmt hätten. Und dabei musste Rosa an sich halten, denn eigentlich hätte sie Bruno ununterbrochen küssen mögen, so verliebt wie sie war. Aber die Heimlichtuerei war Gott sei Dank seit dem Gespräch mit der *Signora* vorbei. Bruno wurde zu Kaffee und Kuchen eingeladen. Zunächst noch offiziell im Wohnzimmer mit der *Signora,* und Daniela saß auch dabei. Aber Aimea hatte nicht vor, die Anstandsdame zu spielen, zumal der Sonntag ohnehin Rosas freier Tag war. Bruno hatte bei seinem Vorstellungsbesuch einen guten Eindruck auf sie gemacht, war höflich und zuvorkommend gewesen. Ab da galt er offiziell als Rosas *fidanzato,* und weder sie noch ihr Mann hatte etwas dagegen, dass Bruno zu Besuch kam. Selbstverständlich hatten die jung Verliebten nicht im großen Wohnzimmer der Familie brav zu sitzen, sondern durften sich in Rosas Miniwohnung zurückziehen.

Obgleich Rosa schon 24 Jahre alt war, war sie noch nie vorher in einer Beziehung mit einem Mann gewesen. Wenn sie es genau nahm, dann war sie bisher noch nicht einmal richtig verliebt gewesen. Aber bei Bruno war das anders. Für ihn hegte sie die innigsten Gefühle. Er war ihre große Liebe. Für sie war klar, Bruno ist der Mann, mit dem sie immer zusammenbleiben wollte. Er war zwar ganze drei Jahre jünger als sie, aber das spielte keine Rolle. Bruno war so gebildet und höflich. Er pflegte einen ganz anderen Umgang als diese Rohlinge bei ihr zu Hause. Ganz davon abgesehen, dass Bruno eine Frau nicht wie eine Mistgabel anfasste. Er war unheimlich zärtlich und einfühlsam. Er wusste eine Frau zu umwerben und ihr zu schmeicheln. Rosa konnte seinem Charme nicht widerstehen. Unmöglich. Moral hin oder her.

Sie hatte von der Mutter dieses Aufklärungsbüchlein in die Hand gedrückt bekommen, ehe sie nach Rom aufgebrochen war. Der Latzfonser Pfarrer hatte es der Mutter mit den Worten „für deine vielen Mädchen" zugesteckt.

An alle kinderreichen Familien hatte er solche Heftchen, gewissermaßen Leidfäden zur Familienplanung, verteilt. Damit die Mädchen nicht Gefahr liefen, das Schicksal von zwölf und mehr Geburten zu teilen, sollten sie wissen, wie der weibliche Zyklus funktioniert. Dass es fruchtbare und unfruchtbare Tage gibt, dass man natürliche Verhütungsmethoden anwenden kann und dass man einer ungewollten Schwangerschaft nicht ausgeliefert sein muss.

Rosa hatte jede Zeile aus diesem Büchlein aufmerksam studiert. Sie kannte ihren Körper auch deshalb inzwischen sehr gut. Ihr Zyklus funktionierte wie ein Schweizer Uhrwerk. Auf den Tag, ja auf die Minute genau! Darauf konnte sie sich verlassen. Unbedingt! Genau deshalb war sie nun völlig aufgelöst. Ihre Periode war ausgeblieben. Da schrillten bei Rosa umgehend die Alarmglocken. Sofort schoss ihr der Gedanke durch den Kopf, wie sie Bruno noch darauf hingewiesen hatte, dass es ein kritischer Tag war. Hoch und heilig hatte er versprochen, dass er aufpassen würde. Sie könne sich darauf verlassen. „Ganz bestimmt!" Und sie hatte sich auf ihn verlassen. Ein fataler Fehler.

Mein Gott, ich bin schwanger!, war alles, was Rosa nun, in ihrem Badezimmer sitzend, denken konnte. *Was mach ich nur?* Zerknirscht und der Verzweiflung nahe hallten schon die derben Worte ihres Bruders durch ihren Kopf. „Wenn du mit so einem *walschen* Balg in der Wampe daherkommst, erschlage ich dich!" *Ein lediges Kind! Was für eine Schande! Was wird die Mutter sagen? Und erst der Vater?*

Rosa konnte bei diesen Gedanken ihre Tränen nicht mehr zurückhalten. Hemmungslos gab sie sich ihrem Kummer hin. Plötzlich besann sie sich. Draußen wartete die

Signora bestimmt darauf, dass sie aus dem Badezimmer zurückkam. Rosa hatte sie darum gebeten, kurz ein Auge auf Daniela zu haben, da sie austreten müsse. Sie wollte kein Aufsehen erregen, also schnäuzte sie sich, wusch sich das Gesicht und eilte hinaus zu den anderen. Rosa versuchte, ihr Gesicht zu verbergen, da ihre vom Weinen roten Augen sie bestimmt verraten würden, aber die *Signora* sah auch so, dass mit Rosa etwas nicht stimmte. Da vertraute sich Rosa ihr an.

„Ich bin schwanger."

„Das weißt du bestimmt?"

„Ganz bestimmt. Ich bin schon zu lange über der Zeit", brachte Rosa hervor, ehe die Tränen erneut flossen, und rüstete sich für die missbilligenden Worte, die ja nun unwillkürlich auf sie einprasseln mussten. Aber die *Signora* sagte nichts dergleichen. Im Gegenteil. Ob Bruno die Nachricht schon erfahren habe, wollte sie wissen, und versprach, nachdem Rosa verneinend den Kopf geschüttelt hatte, sie bei diesem Gespräch zu unterstützen.

Wie Bruno dann wenige Tage später zu dieser famosen Unterredung in der Wohnung der Porzio erschienen ist und Rosa ihm gestand, dass sie in der Hoffnung war, da reagierte Bruno wohl etwas überrascht, zeigte sich aber verständnisvoll. Seine Worte „Wir werden eine Lösung finden" übten auf Rosa eine große Beruhigung aus. Er wird sie nicht im Stich lassen, das war für sie die Hauptsache.

Auch wenn niemand von Heirat sprach, so war für Rosa doch klar, dass sie und Bruno zusammenbleiben würden. Bruno sollte ja seine Ausbildung beenden können. Den Anwärtern der Finanzpolizei war es untersagt, vor ihrem

30. Geburtstag zu heiraten und eine Familie zu gründen. Jetzt im Mai 1962 war Bruno gerade 23 Jahre alt, und Rosa wollte ihm nicht im Wege stehen. Schon gar nicht wollte sie, dass er wegen ihr von der Offiziersschule fliegt. Beide hatten sich dann darauf geeinigt, dass sie die Zeit schon überbrücken würden. Sie liebten einander, da würde es auf diese paar Jahre nicht ankommen.

Für knappe zwei Monate war die Welt für Rosa dann fast wieder in Ordnung. Ihr Bauch war noch weitgehend flach, sodass die Schwangerschaft gut zu verbergen war, und die *Signora* beschwichtigte von Anfang an die Sachlage. Es käme auf keinen Fall infrage, dass Rosa die *famiglia* verlassen müsse. Alles sei halb so schlimm, auch mit wachsendem Bauch könne sie weiterhin bei ihnen arbeiten. Nur Bruno veränderte ganz schleichend sein Verhalten. Anfangs war er noch wie gewohnt in seiner Freizeit zu Rosa in die Miniwohnung gekommen. Aber immer öfter ließ er sich entschuldigen. Die Ausreden waren mehr als fadenscheinig. Bis er schließlich gar nicht mehr erschien und sich nur noch am Telefon nach Rosas Befinden erkundigte. Dann kam dieser alles zerstörende Anruf, der Rosas Welt aus den Fugen brachte.

„Ich bin nach Genua versetzt worden", hüstelte er kleinlaut in den Hörer.

„Was bedeutet das?"

„Ich werde nicht mehr zu dir kommen."

„Mi hai fregato? – Du hast mich reingelegt? Du hast mir Liebe vorgespielt, mir ein Kind angehängt und jetzt lässt du mich sitzen?"

„Es tut mir leid."

Rosa stand mit dem Hörer in der Hand im Vorzimmer und konnte Brunos Abschiedsworte schwer realisieren. *Er lässt mich im Stich!* Mit diesem Gedanken war Rosa in ihre Miniwohnung gelaufen, hatte sich auf ihr Bett geworfen und haltlos zu weinen begonnen. Sie wollte schreien. Vor Schmerz und Trauer. Bruno hatte sie verlassen. Hatte sich feige davongemacht und sie alleine gelassen. Alleine mit dem gemeinsamen Kind in ihrem Bauch. Ihr Leben war zu Ende. *Ich will sterben!* „Herrgott, lass mich sterben, dann stirbt auch das Kind in mir. Und beide sind wir nicht mehr da!", betete Rosa lautlos in ihre völlig nassgeheulten Kissen hinein. Sie wusste wirklich nicht mehr weiter. Was sollte sie nur tun? Schwanger und nicht verheiratet! *Und erst das arme Kind!* Rosa wusste, wie uneheliche Kinder als Bastarde verunglimpft wurden, wie man sie schikanierte und quälte. So eine Schmach wollte sie keinem Kind antun. Und der Vater ihres Kindes war zudem ein Italiener. Das war für manche bei ihr zu Hause das größte Verbrechen.

Der Gedanke an einen Schwangerschaftsabbruch keimte wieder auf. Gleich zu Beginn, als ihr schlagartig klar geworden war, dass sie schwanger war, da hatte sie schon einmal kurz daran gedacht, sich das Kind wegmachen zu lassen. Aber sie hatte den Gedanken gleich wieder verworfen. Einmal war es illegal, und für eine Abtreibung war Rosa viel zu sehr im Glauben verankert. Nein, da würde sie sich vor Gott bestimmt nicht versündigen und dieses Leben in ihr töten. Auch jetzt, in dieser dunklen Stunde hier auf den nassgeheulten Kissen, war es der Glaube, der ihr Trost brachte. Im Gebet erkannte sie einen Hoffnungsschimmer. Und mit einem Mal war ihr klar, dass sie zur Beichte wollte.

In der Kirche *Santa Maria dell'Anima*, dieser Nationalkirche der deutschen Gemeinde in Rom, fand sie einen Priester, der ihr die Beichte auf Deutsch abnahm. Schweren Herzens sprach sie sich die ganze Last von ihrer Seele. Dass sie schwanger sei. Dass es ein Kind der Sünde war, das sie in ihrem Bauch trage. Und nun sei sie von Gott bestraft worden für ihr Vergehen, denn der Kindsvater hatte sie im Stich gelassen. Dass sie verzweifelt sei und am Ende ihrer Kräfte. Der Priester nahm ihre beiden Hände in seine, blickte ihr tief in die Augen und sagte: „So darfst du nicht denken. Das Kind ist ein Kind Gottes. Von ihm gewollt. Du versündigst dich, wenn du es nicht haben willst."

Anstatt der ewigen Verdammnis sprach er zu Rosas übergroßen Verwunderung seinen Segen über sie aus. Rosa erhob sich aus der Kirchenbank, wo sie neben ihm Platz genommen hatte, bedankte sich für die Beichte und verließ das Gotteshaus. Diese Worte hatten Rosas Sicht auf die Dinge entschieden verändert. *Ein Kind von Gott gewollt. Auch ihr Kind*! Rosa empfand endlich wieder so etwas wie Freude, Vorfreude auf ihr Kind, das in ihrem Leib heranwuchs. Nach diesem Beichtgespräch hatte Rosa auch vor Gott ihren Frieden gemacht. Sie wollte ihr Kind austragen und dann nach Hause fahren, um es zur Welt zu bringen.

Aber vorher hatte Rosa noch eine Herkulesaufgabe vor sich. Sie musste endlich auch zu Hause erzählen, in welchen Umständen sie war. Davor hatte sie sich ohnehin besonders gefürchtet. Überhaupt jetzt, so ganz ohne Mann an ihrer Seite. Aber gleich einen Brief der Mutter zu schreiben, das hatte sie sich dann doch nicht getraut. Also hatte sie zunächst die Hiobsbotschaft ihrer älteren Schwester in einem Brief anvertraut, in der Hoffnung, diese würde die Wogen zu Hause glätten. Aber genau das Gegenteil war der Fall gewesen. Alles verkomplizierte sich um ein Vielfaches. Die Schwester hatte das ganze Ausmaß von Rosas Desaster zu Hause in den schillerndsten Farben dramatisiert, und sie fand besonders in den Brüdern großen Zuspruch. Das könne nicht sein, dass da eine Ledige die ganze Familie an den Pranger stellte und alle zum Gespött im ganzen Dorf machte, wetterten sie gemeinsam gegen Rosa. Diese dürfe das Kind auf keinen Fall bekommen, und schon gar nicht bei ihnen zu Hause in Feldthurns, wo ein jeder sie kannte. *„Pappen* halten! Jetzt ist eine Ruh!", polterte der Vater in das Gezeter hinein. Denn der Vater und vor allem die Mutter waren von Anfang an auf Rosas Seite. Das war das einzig Gute an ihrem Schlamassel.

Rosa begann in Rom indes sich auf ihr Kind zu freuen. Geld, um sich hübsche Anziehsachen für ihr Kind leisten zu können, hatte sie Gott sei Dank ja genug. Und in Rom fanden sich jede Menge Geschäfte, in denen die schönste Babykleidung zum Verkauf angeboten wurde. Als Erstes hatte sie diese entzückenden weißen Babyhemdchen erstanden. Vorsichtig hatte sie diese auf ihrem Bett ausgebreitet und stellte sich vor, wie es wohl sein würde, wenn ihr Kind erst auf der Welt war und diese Jäckchen trug. Und Rosa kaufte sich ein Buch, in dem alles Dinge für Kleinkinder zum Selbermachen drin waren: Babyrasseln, Vorhänge, Stricksachen. Rosa kaufte sich Wolle und begann zu stricken. Der Schlafsack war richtig schön geworden. Mit vielen bunten Mustern. Rosa konnte es kaum erwarten, ihr eigenes Kind darin strampeln zu sehen.

Aber mit dem Ausgehen wurde es immer schwieriger, je mehr ihr Bauch wuchs. Die gehässigen Blicke der anderen, wenn sie alleine unterwegs war, waren Rosa ein Dorn im Auge. Eine nicht verheiratete Schwangere bekam nur Häme ab, weshalb es Marianna dann nicht mehr zuließ, dass Rosa alleine unterwegs war. Sie hatte die Freundin verstanden und sie beschützt. Als sie sich gemeinsam aufmachten, um einen freien Nachmittag bei den Klosterschwestern zu verbringen, da kam eine grobe Nonne an die Tür und deutete mit der Hand fuchtelnd auf Rosas Babybauch.

„Halt! Stopp! Eine ledige Schwangere hat hier keinen Zutritt!", befahl sie spitz. Wie Marianna diese Worte vernahm, da konnte sie vor Zorn fast nicht mehr an sich halten. Scharf konterte sie, dass man bei der Nonne auch nicht wisse, was diese schon alles verbrochen habe! Scheinheilig seien sie alle. Scheinheilig und ohne Erbarmen. Für eine junge Frau sei diese Lage schon schwer genug, da brauche es nicht auch noch eine zusätzliche Last auf ihren Schultern mit Schuldgefühlen aller Art. Die Nonne sah sie verdutzt an und meinte, Marianna könne doch gerne eintreten. Aber da kannte die Nonne Rosas loyale Freundin schlecht. „Nein danke! Mit Leuten wie euch will auch ich nichts mehr zu tun haben!", schmetterte sie der Nonne noch hin, ehe sie gemeinsam das Kloster verließen. Rosa war Marianna für ihre Treue und Verbundenheit sehr dankbar.

Emmi, die Freundin aus Meran, war da anders, sie hatte Rosa fallen gelassen, wie diese erfahren hatte, dass Rosa ein Kind erwartet. Mit einer ledigen Schwangeren wollte sie nichts mehr zu tun haben. Marianna war einer der wenigen Menschen, die Rosa nicht enttäuscht hatten. Und von allen schlimmen Erfahrungen war jene mit Bruno ihre größte Enttäuschung gewesen.

Jetzt, da er sie so feige im Stich gelassen hatte, hatte sie allmählich ihre Freude an Rom verloren. Immer öfter spürte sie, dass sie eigentlich wieder nach Hause wollte. Dabei hatte die *Signora* ihr schon längst angeboten, ihr Kind in Rom zur Welt zu bringen. Gerne könne sie auch mit dem Neugeborenen in der Miniwohnung leben. Daniela würde sich bestimmt über den Familienzuwachs freuen. Aber Rosa hatte sich schon entschieden. Über Briefe hatte sie sich mit den Eltern ausgesöhnt, und sie wusste, ihre Eltern standen hinter ihr und wollten, dass Rosa ihr Kind in Südtirol zur Welt brachte.

Am 4. Dezember 1962 verabschiedete sich Rosa von der *famiglia* Porzio, tröstete die weinende Daniela in ihren Armen und war in den Zug in den Norden gestiegen. In Klausen kam sie hochschwanger bei einer Schwester unter, wo sie mithilfe einer Hebamme am 21. Dezember einer gesunden Tochter das Leben schenkte.

„Bruna soll sie heißen", lautete Rosas Antwort auf die Frage, welchen Namen sie ihrer Kleinen geben wollte. Bruna, wie die liebe Klosterfrau in der Marienklinik. Und ein ganz kleines bisschen auch deshalb, weil es der Name ihres Vaters war.

Die Hebamme wickelte Bruna und legte sie Rosa in den Arm. „Ich helfe dir, die Adresse des Kindsvaters ausfindig zu machen", sagte sie, denn man müsse ihm doch sagen, dass er eine so schöne Tochter bekommen hat. Sie hatte dann tatsächlich in Erfahrung gebracht, wo Bruno stationiert war. Den Zettel mit Brunos Adresse drückte die

Hebamme in Rosas Hand. Sie könne sich ja melden, wenn sie so weit sei.

Als Rosa dann wieder genug Kräfte gesammelt hatte, um das Wochenbett verlassen zu können, bestellte sie ein Taxi, das sie hinauf nach Latzfons bringen sollte. Aus Rom hatte sie so unglaublich viel Gepäck mitgebracht. Einen ganzen Koffer allein mit wunderschönen Babysachen. In Latzfons ließ sie sich von ihren Brüdern mit dem Pferdewagen abholen. Keiner der Brüder wagte auch nur ein einziges schiefes Wort an Rosa zu richten. Die Eltern hatten ihren Söhnen schon eingebläut, dass sie bestimmt nicht die Richter ihrer Schwester wären, weshalb sie gefälligst ihren Mund zu halten hätten.

Zu Hause wurde Rosa mit Bruna von den Eltern warm empfangen. Auch wenn der Vater noch damit zu ringen hatte, dass Bruna einen italienischen Vater hatte, so war er doch froh, dass das Mädchen gesund war und bei ihnen auf dem Hof aufwachsen konnte. Die Mutter fand, alles sei besser als ein ungehobelter, grobschlächtiger Stallbursch, wie es die Männer zuhauf bei ihnen in den Dörfern waren. Nur, dass Rosa mit der Enkeltochter wieder nach Rom gehen könnte, bereitete ihnen Sorgen. Denn es traf sich, dass Aimea wieder bei ihnen in der Stube saß, um Rosa mit der kleinen Bruna mitzunehmen. Sie habe es mit mehreren Mädchen versucht, aber keine habe dieses Gespür für Daniela gehabt, so wie es Rosa hatte. Und Daniela hatte ungemein Sehnsucht nach Rosa.

Auch wenn Rosa durchaus darüber nachgedacht hatte, nun mit Bruna zurück nach Rom zu gehen, so war sie moralisch nicht mehr dazu imstande. Die Krankheit der

Mutter war schon weit fortgeschritten. Das harte Leben und die allzu vielen Geburten hatten sie geschwächt und ausgezehrt. Keine der anderen Schwestern war mehr zu Hause auf dem Höflein, da traf es sich gut, wenn Rosa nun die Mutter pflegen konnte. Rosa fügte sich dem Wunsch der Eltern und blieb mit Bruna in Garn.

Den Brief an Bruno hatte sie dann schließlich doch geschrieben. Hatte ihm von der hübschen Tochter berichtet und ihm vorgeschlagen, dass er sich nach Südtirol versetzen lassen könne, um auf diese Weise näher bei ihnen zu sein. Sie könnten einander sehen und vielleicht irgendwann – wer weiß – doch als Familie zusammenleben. Denn Rosa spürte, dass sie trotz des großen Schmerzes, den er ihr zugefügt hatte, immer noch starke Gefühle für ihn hegte. Gerne hätte sie ihn zurückgewonnen. Deshalb war sie auch eigens mit Bruna runter nach Klausen zum Fotografen gefahren, um gemeinsam mit ihrer süßen Tochter ein schönes Bild machen zu lassen. Einen Abzug davon steckte sie in den Brief und hoffte dabei inständig, Bruno ließe sich erweichen.

Ehe sie zum Postamt ging, vergewisserte sie sich wiederholt, dass ihre Adresse nach den Grußworten auch wirklich gut zu lesen war. Dann gab sie den Brief auf. Und begann zu warten. Es vergingen Wochen, Monate und schließlich Jahre. Eine Antwort hat Rosa auf ihren Brief nie erhalten.

„Lass ihn, wir werden das Kind schon gemeinsam großziehen!", trösteten die Eltern Rosa, die sahen, wie sehr ihre Tochter darunter litt, dass Bruno nichts mehr von ihr und der gemeinsamen Tochter wissen wollte. Die Gewissheit, dass ihre Eltern zu ihr standen, war Rosas größte Stütze.

All die Jahre über. Ihre Eltern, ihr Glaube an Gott und ihre Tochter. Ihr bestes Souvenir überhaupt, das sie aus Rom mitgebracht hatte. Und für dieses Geschenk dankte Rosa dem Herrgott jeden einzelnen Tag.

Glossar

A

Aeroporto	Ital.: Flughafen
Agnolotti	Ital.: gefüllte Teigtaschen aus nur einem Teigstreifen
Alla carbonara	Nach Carbonara-Art, typische römische Nudelsauce zu Spaghetti aus Bauchspeck, Eidotter und geriebenem Pecorinokäse
Alla romana	Ital.: auf römische Art
Altare della Patria	Ein 1927 vollendetes Nationaldenkmal in Rom, auch *Vittoriano* genannt, da es zu Ehren von König Vittorio Emanuele II. errichtet wurde. Es liegt auf dem Kapitolshügel am Südende der *via del Corso* zwischen der *piazza Venezia* und dem Forum Romanum.
Alto Adige	Ital.: Bezeichnung für Südtirol
Amintore Fanfani	*6. Feb. 1908, †20. Nov. 1999 in Rom, war einer der wichtigsten Politiker Italiens während der Nachkriegszeit. Von 1954 bis 1959 und erneut von 1973 bis 1975 war er *Segretario* (entspricht einem Vorsitzenden) seiner Partei (DC). Sechsmal war er italienischer Ministerpräsident: 1954, 1958/59, 1960–1963, 1982/83, 1987. Außerdem war er mehrmals Außenminister Italiens und 1965/66 Präsident der UN-Generalversammlung. Von 1968–1973, 1976–1982 und 1985–1987 war er Präsident des italienischen Senats.

	Antipasto	Ital.: „vor der Mahlzeit", kleines, meist nicht warmes Gericht als Auftakt eines mehrgängigen Menüs, Pl. Antipasti
	Arancini	Ital.: frittierte gefüllte Reisbällchen
	Armadio	Ital.: Schrank
B	Belcanto	Virtuose italienische Gesangskunst
	Birnmehl	Getrocknete Birnen zu Mehl gemahlen
	Blattln	Siehe Erdäpfelblattln
	Breatl	Südtirolerisch: runde, flache Brotlaibe aus Roggen-, Weizengemisch und Sauerteig, Pl. Breatlen
	Breckl	Südtirolerisch: Stückchen, Teilchen, Pl. Brecklen
	Brecklfackl	Schwein, das im späten Frühjahr geschlachtet wird. Es wurde in kleine Teile (*Brecklen*) zerlegt, um daraus Fleischgerichte wie Braten oder Gulasch zu bereiten.
	Bruschetta	Ital.: geröstetes Brot mit gewürfelten Tomaten oder einer Oliven- oder Leberpaste, Pl. bruschette
C	Cannelloni	Ital.: mit Fleisch, Spinat o. Ä. gefüllte und mit Käse überbackene Röllchen aus Nudelteig
	Caprese	Ital.: Mozzarella auf Tomaten mit frischem Basilikum
	Capricciosa	Eine traditionelle italienische Pizza mit Tomatensauce, Mozzarella, Basilikum, Champignons, Artischocken und gekochtem Schinken
	Carciofi	Ital.: Artischocken
	Chiesa	Ital.: Kirche

	Cinquecento	Automodel: Fiat 500
	Città	Ital.: Stadt
	Coda di rospo	Ital.: Seeteufel
	Corso	Ital.: Prachtstraße
D	Dinamitardo	Ital.: Sprengstoffattentäter, Pl. Dinamitardi (Genaueres dazu siehe Mailänder Prozess)
	Dolce	Ital.: Süßigkeit, Kuchen, Torte
	Due	Ital.: zwei
E	Erdäpfelblattln	Teig aus passierten Kartoffeln, Eigelb und Mehl ausrollen, Formen ausstechen und im Fett schwimmend ausbacken.
F	Famiglia	Ital.: Familie
	Festa della Repubblica	Ital.: Fest der Republik
	Fetze	Südtirolerisch derb für Heulsuse
	Fidanzato	Ital.: Verlobter
	Finocchi	Ital.: Fenchel
	Flotzbiser Krapfen	Krapfen mit Krautfülle aus Latzfons
	Fontana di Trevi	Ital.: Trevi-Brunnen
	Fresco	Ital.: kühl, frisch
	Frigelen	Klößchen, meist aus Grieß, Maisgrieß oder Buchweizenmehl
	Frigorifero	Ital.: Kühlschrank
	Frittaten	Österreich: in Streifen geschnittene Pfannkuchen als Suppeneinlage
	Funghi	Ital.: Pilze

G	Gallimarkt	Ausdruck im Obervinschgau für Gallusmarkt. Am 16. Oktober feiert man den Tag des irischen Mönchs Gallus, der 613 in einer Einöde die Galluszelle gründete, aus der sich die Abtei und die Stadt St. Gallen entwickeln konnten.
	Giardino	Ital.: Garten
	Gitschn	Südtirolerisch: Bezeichnung für Mädchen, Sg. die Gitsch
	Gnocchi di patate	Ital.: Kartoffelnocken
	Gretl-Frisur	Zu Zöpfen geflochtene Haare, die zu einem Kranz gebunden auf dem Kopf liegen
H	Hetz	Spaß, Gaudi
I	Ingegnere	Ital.: Ingenieur
	Ist. Suore di S. Elisabetta	Ital.: Institut der Ordensfrauen der heiligen Elisabeth
K	Knödel	Tiroler Gericht: Teigkugeln aus altbackenem Brot, in die verschiedene Zutaten gemischt werden können: Speck, Spinat, Käse
	Kobis	Südtirolerisch für Weißkraut
L	Lago	Ital.: See
	Langes	Südtirolerisch für Frühling
	Lasagne	Ital.: Nudelblätter mit Hackfleischragout und Béchamelsauce abwechselnd geschichtet und mit Käse überbacken
	Lido di Ostia	Strand von Ostia, ein Vorort von Rom, am Tyrrhenischen Meer gelegen

Littorina	Bezeichnet die Gesamtheit des leichten Rollmaterials mit Wärmeantrieb (Diesel, Benzin oder Gas) im Eisenbahnnetz, das maßgeblich unter italienischem Einfluss entstand. Das Wort stammt wohl aus dem Jahr 1932, als Benito Mussolini in einem dieser Fahrzeuge in die Stadt Littoria (heute Latina) fuhr.

M

Madl	Mädchen
Mailänder Prozess (erster + zweiter)	Seit Ende der 1950er-Jahre kämpften Südtiroler, vor allem der Befreiungsausschuss Südtirol (BAS), für ihre Autonomie. Ein 1946 zwischen Österreich und Italien geschlossenes Autonomieabkommen wurde von italienischer Seite unterlaufen. Statt einer echten gewährte die Regierung in Rom nur eine Scheinautonomie. Unter deren Deckmantel setzte das demokratische Italien die Italianisierungspolitik des faschistischen Italiens fort. In Südtirol formierte sich Widerstand. Der 1956 gegründete BAS wollte nun die Selbstbestimmung des Landes mit Bomben erzwingen. Die Attentate erstreckten sich über den Zeitraum von 1956 bis 1969. Zahlreiche Schuldsprüche im **ersten Mailänder Prozess** gegen die Südtirol-Aktivisten (Urteilsverkündung am 16. Juli 1964, mit teilweise langjährigen Haftstrafen) führten zu einer Intensitätssteigerung der Kämpfe, die ab 1964 auch Tote zur Folge hatte. Am 20. April 1966 erfolgte die Urteilsverkündung des **zweiten Mailänder Prozesses**. Von 59 Angeklagten wurde 36 zu teilweise hohen Haftstrafen verurteilt. Erst das Inkrafttreten des zweiten Autonomiestatuts, im Januar 1972, brachte mit der diplomatischen Lösung entschieden Entspannung für das Südtirolproblem.

	Margherita	Eine traditionelle italienische Pizza mit Tomatensauce, Mozzarella und frischem Basilikum
	Melanzane	Ital.: Auberginen
	Metropolitana	Ital.: Untergrundbahn, U-Bahn
	Milano	Ital.: Mailand
	Moviola	Schneidetisch, zum Schneiden von Filmszenen und Tonaufnahmen
	Muas	Bäuerliches Gericht aus erwärmter Milch, die mit Weizenmehl, Buchweizenmehl oder Maismehl angedickt und mit gebräunter Butter und Zucker abgeschmolzen wird
O	Option	Die **Option** bezeichnet eine vom faschistischen Italien und nationalsozialistischen Deutschland ausgehandelte Wahlmöglichkeit, die die deutsch- und ladinischsprachige Bevölkerung Südtirols vor die Wahl stellte, sich entweder fürs Deutsche Reich mit anschließender Emigration oder für den Verbleib in Italien zu entscheiden. Rund 85 Prozent der etwa 250.000 zur Wahl Aufgerufenen entschieden sich fürs Gehen. Allerdings wanderten bis zur Eingliederung der Operationszone Alpenvorland in den deutschen Machtbereich im September 1943, was die Optionsfrage vorerst obsolet machte, nur ca. 75.000 Südtiroler tatsächlich ins Deutsche Reich aus. Nach Kriegsende kehrten ca. 20.000 Optanten als „Rücksiedler" wieder nach Südtirol zurück.

P

Paket	Siehe *Südtirol-Paket*
Panettone	Feine Backware mit Rosinen und kandierten Früchten. Typischer Weihnachtskuchen in Mailand, der traditionell aus Weizensauerteig mit langer Gärzeit hergestellt wird
Papà	Ital.: Kosename für Vater
Pappen	Süddeutsch abwertend für Mund
Parata	Ital.: Parade
Patria	Ital.: Vaterland
Peperoni	Ital.: Paprika
Pergel	Rebenerziehung im Weinbau: Die Rebstöcke werden zum Bogen gezogen, sodass Weinlauben, die sogenannten Pergeln, entstehen.
Per favore	Ital.: bitte
Piazza	Ital.: Platz, Stadtplatz
Pijesl	Mangold
Plärrete Not	Südtirolerisch: übergroße Not
Plentamuas	Muas aus Buchweizen- oder Maismehl, siehe: Muas
Plentemehl	Buchweizenmehl
Plentene Knödel	Knödel aus Buchweizenmehl
Prosciutto e funghi	Eine traditionelle italienische Pizza mit Tomatensauce, Mozzarella, Basilikum, Champignons und gekochtem Schinken
Prosciutto e melone	Ital.: Parmaschinken mit Honigmelone

R	RAI	Radiotelevisione italiana – die öffentlich-rechtliche Rundfunkanstalt Italiens
	Ravioli	Ital.: Teigtaschen aus Nudelteig, gefüllt mit Fleisch, Gemüse oder Käse
	Riebel	Einfaches Maisgericht, das man mit warmem Wasser angerührt über Nacht quellen lässt und es dann in der Pfanne mit etwas Butter anröstet. Es war früher vor allem eine morgendliche Mahlzeit der armen Leute und bäuerlichen Familien.
	Rifugio	Ital.: Schutzhütte
	Roma Termini	Hauptbahnhof in Rom
S	Segnes	Südtirolerisch: Sense, Gerät mit langem, am freien Ende spitz zulaufendem bogenförmigen Blatt zum Mähen von Gras oder Getreide
	Signora	Ital.: Hausherrin
	Signorine buonasera	Ital.: Programmansagerinnen
	Speckfackl	Schwein, das nach dem Schlachten zu Speck verarbeitet wurde
	SS 12	Ital.: strada statale, die Staatsstraße 12 beginnt in Pisa in der Toskana und führt nordwärts über Modena und Verona durch das Etschtal nach Bozen und von dort über das Eisack- und Wipptal bis zum Brennerpass. In Südtirol wird die SS 12 auch Brennerstaatsstaße genannt.
	Stazione	Ital.: Bahnhof
	Struzen	Traditionelles, halbmondartiges Brot aus dem Vinschgau, bestehend aus Roggen- und Weizenmehl, Hefe, getrockneten Feigen und Rosinen

	Südtirol-Aktivisten	Siehe *Mailänder Prozess*
	Südtirol-Paket	Als Südtirol-Paket, kurz *Paket*, wird der Maßnahmenkatalog bezeichnet, der zwischen der österreichischen und der italienischen Regierung ausverhandelt worden ist. Es bildet die Grundlage für die heutige Autonomie. Am 23. September 1969 wurde das Paket bei der Landesversammlung der Südtiroler Volkspartei (SVP) mit knapper Mehrheit angenommen. Die Gespräche waren zäh. 14 Stunden lang wurde hitzig debattiert. Schließlich kam es zwischen dem Parteiobmann der SVP und Paketbefürworter Silvius Magnago und dem Paketgegner Peter Brugger zum Handschlag für Südtirol. Die Paketbefürworter um Silvius Magnago, Roland Riz und Friedl Volgger setzten sich schlussendlich mit 583 Stimmen gegenüber den Paketgegnern um Peter Brugger und Alfons Benedikter durch, die 492 Stimmen erreichten.
	Supermercato	Ital.: Supermarkt
T	Tortellini	Ital.: kleiner, mit Fleisch, Gemüse o. Ä. gefüllter Teigring
	Tota	Südtirolerisch: Patentante
	Tre	Ital.: drei
	Tricolore	Offiziell: il tricolore italiano, die italienische Nationalflagge
U	Uno	Ital.: eins
	Upim	Italienische Kaufhauskette mit Sitz in Mailand

217

V	Vaglia postale	Ital.: Postanweisung
	Vecchia Romagna	Italienischer Brandwein
	Via	Ital.: Straße
	Vitello tonnato	Ital.: gekochtes und aufgeschnittenes Kalbfleisch mit Thunfischsauce
W	Walsch	Südtirolerisch derber Ausdruck für italienisch (Adjektiv), als Nomen gebraucht für Italien: die Walsch
	Walschenhasser	Südtirolerisch derber Ausdruck für Italiengegner
	Walscher	Südtirolerisch für Italiener, Pl. Walschen
	Wimmen	Südtirolerisch für Weinlese
	Wimmerin	Frau, die bei der Weinlese arbeitet, Pl. Wimmerinnen
Z	Zucchine	Ital.: Zucchini, Sg. Zucchina

Danksagung

Mein großer Dank gilt an erster Stelle auch beim Folgeband den Heldinnen meiner Geschichten für ihre Bereitschaft, mir von ihrem Leben zu erzählen: Frau G., Frau Perger Mitterer, Frau H. und Frau Obrist.

Für ihre Hilfe beim Finden von Interviewpartnerinnen bedanke ich mich bei Maria Daniel, Dorothea Stecher, Kornelia Stecher und Anna Lena Tonner. Für die Zurverfügungstellung der alten Fotografien aus dem Kloster in Mailand bedanke ich mich bei Frieda Noggler und Emma Theiner. Ein besonderes Anliegen ist es mir, mich aufrichtig bei Bruna Obrist zu bedanken für ihr unermüdliches Bemühen bei der Geschichte ihrer Mutter.

Bedanken möchte ich mich weiters bei Franz von Walther, dem ersten RAI-Koordinator in Südtirol, der sich gerne bereit erklärt hat, mir für die Geschichte von Waltraud Perger ein Interview zu den Anfängen der deutschen RAI in Rom zu gewähren.

Großen Dank schulde ich einer wunderbaren Support-Gruppe im Verlag, allen voran der Verlagsleiterin Ingrid Marmsoler und insbesondere dem Programmleiter Stephan Leitner, der auch diesen Band professionell betreut hat.

Meiner Mutter Martha Urthaler Peer möchte ich auch an dieser Stelle danken, denn ohne ihre Erinnerungen, die mir Initialzündung für den ersten Band waren, wäre auch der Folgeband nicht entstanden.

Bei der Belegschaft in meinen vier Wänden bedanke ich mich in inniger Zugewandtheit bei meinem Mann Herbert und unserer Tochter Lea-Marie. Sie sind mir Unterstützung und Kraftquelle gleichermaßen.

Mein größter Dank aber gilt Ihnen, meine Leser:innen, denn Ihr überwältigendes Feedback, das sich im übergroßen Erfolg des ersten Bandes ausdrückt, hat den Folgeband überhaupt erst ermöglicht.

Der erste Band ist längst ein Bestseller!

Sabine Peer veranschaulicht in fünf ergreifenden, auf wahren Begebenheiten beruhenden Geschichten das Aufeinanderprallen zweier Welten im Italien der 1950er- und 1960er-Jahre: arme Bergidylle der unbedarften Bauernmädchen vs. mondänen Metropolen der reichen italienischen Dienstherren.

ISBN 978-88-6839-602-2

Südtiroler hinter Stalins Stacheldraht

Kriegsgefangenschaft in Russland 1943–1954

204 Seiten, 14 x 20,5 cm, Paperback
ISBN 978-88-6839-380-9

Oral History – Authentisches Material bildet die Grundlage dieser Dokumentation. **Sabine Peer** hat 16 ehemalige russische Kriegsgefangene und weitere 16 Zeitzeugen in Russland und in Südtirol interviewt und anhand der Aussagen erstmals dieses dunkle Kapitel unserer Zeitgeschichte rekonstruiert. Es ist unsere Pflicht, die Erinnerung weiterzugeben. Dafür müssen wir unsere Vergangenheit immer wieder neu erzählen.

**Bibliografische Information
der Deutschen Nationalbibliothek**
Die Deutsche Nationalbibliothek verzeichnet diese
Publikation in der Deutschen Nationalbibliografie;
detaillierte bibliografische Daten sind im Internet
abrufbar: http://dnb.d-nb.de

1. Auflage 2023
© Athesia Buch GmbH, Bozen

Fotos: aus den jeweiligen Privatarchiven der Protagonistinnen
Design & Layout: Athesia-Tappeiner Verlag
Druck: Finidr, Tschechien
Papier: Innenteil und Vorsatz Arena Natural Rough

Gesamtkatalog unter
www.athesia-tappeiner.com

Fragen und Hinweise bitte an
buchverlag@athesia.it

ISBN 978-88-6839-692-2
ISBN 978-88-6839-693-0 (e-Book)

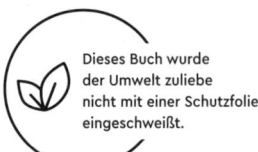

Bildbeschreibung Umschlag
Waltraud Perger Mitterer auf dem
Petersplatz im Vatikan

Und viele weitere Texte zu diversen Themen wie Geschichte des Porträts, Begriff des Schönen in der Frühgeschichte der Menschheit, Neandertaler, Herstellung und Nutzung von Steinwerkzeugen, Höhlenmalereien, Objektsammlungen, Elchjagd im hohen Norden, Schamanismus ...

Noch ein paar Aufsätze:

»Archéologie cognitive: de la matière à l'esprit« von dem Kognitionswissenschaftler Christophe Coupé (in: *Darwin en tête. L'évolution et les sciences cognitives,* 2009): Durch Untersuchung von bei archäologischen Ausgrabungen entdeckten Artefakten versucht dieses Projekt zu verstehen, was in den Köpfen unserer Vorfahren vor sich ging.

»Sex makes babies« von Holly Dunsworth, Professorin für Biologische Anthropologie (in: *Aeon Magazine,* 9.8.2017): Der Zusammenhang zwischen Sex und der Geburt von Kindern – das »Reproduktionsbewusstsein« – ist alles andere als evident, da zwischen dem Geschlechtsakt und seinen Folgen eine lange Zeit vergeht. Dieses Bewusstsein besitzt nur der Mensch.

»Le mystère de l'expérience du beau« von dem Philosophen Claude Obadia (in: *Le Philosophoire* 2012/2): Dieser Aufsatz ist so brillant, dass ich es mir kaum verkneifen konnte, ihn zu zitieren ... nur mit Mühe.

... Und ich danke meinem Sohn, der diesen Text geduldig Korrektur gelesen hat und mir wieder mal vorwarf, dass ich zu kurze Bücher schreibe.

Hannelore Cayre bei Ariadne

Reichtum verpflichtet
Deutsch von Iris Konopik · Ariadne 1252

Blanche mag keine gesunden Beine haben, aber sie verfügt über andere Ressourcen. Mit deren Hilfe gräbt sie die Geschichte ihres verträumten Vorfahren Auguste aus. Und stellt fest, dass sich der Wert eines Menschenlebens seit den Gemetzeln von 1870 nur geringfügig verändert hat.

»Grotesk gut: Neunzehntes und einundzwanzigstes Jahrhundert sind sich bei Hannelore Cayre gefährlich nah. Systemkritik definitiv, aber statt durch Anklagen vermittelt Cayre das lieber durch eine ausgeprägte Lust am Burlesken, an Anomalien und versehrten Körpern, die unsere Vorstellungen von Schönheit und gutem Geschmack provozieren.«
Katrin Doerksen, *FAZ*

»Amüsant und größenwahnsinnig zugleich. Sozialkritik pur.«
Peter Huber, *Die Presse am Sonntag*

Die Alte
Deutsch von Iris Konopik · Deutscher Krimipreis
Ariadne 1240 (Hardcover) · Ariadne 1266 (Taschenbuch)

Arabisch-Dolmetscherin Patience Portefeux hat die Nase voll und trifft eine radikale Entscheidung, die alles verändert.

»Nieder mit der Heuchelei, die Frechheit an die Macht!«
Tobias Gohlis, *Krimibestenliste*

»Großes Erzählkino: staatsverdrossen kapitalismuskritisch, seelenabgründig tief, dabei selbstironisch und witzig. Obendrein einer der cleversten Plots seit langem.«
Hannes Hintermeier, *Frankfurter Allgemeine Zeitung*

»Ein urkomisches und doch ernstes Buch, das die Geschichte von David und Goliath neu erzählt.«
Katja Bohnet, *CrimeMag*